JN044848

人事がこっそり教える

ヤバい内定術

ただの元人事（樋熊晃規）

フォレスト出版

はじめに

就活はゲームだと、私は考えている。

これは、就活生の視点ではなく採用する側、面接官側の視点。もっと言えば、現在採用の仕組みを設計している側の人間として、強く思っている。

就活がゲームであれば、もちろんそのゲームを制するための「攻略法」もあるということ。

今回、本書を書かせていただくことにしたのも、「就活の攻略本」を書きたいと思ったことが始まり。

私が就活生だった頃は、今ほどSNSなどで就活の情報が拡散されているわけではなかった。とりあえず買ってみる、とりあえず立ち読みしてみる「就活本」はあったものの、どこか精神論・根性論・感情論で、宗教チックな本ばかりだった。

もしかしたら、それは今も同じなのかもしれない。いい歳したオジサン、オバサンの精神論・根性論・感情論は、就活生だった当時の私には何も響かなかった。

少々口が悪いが、そこらへんで女の子に自慢して歩く、オジサンの独り言と、何ら変わらないと今でも思っている。

結局のところ、就活生の私が一番欲しかったのは、「就活の攻略法」。つまり、行きたい会社に受かる方法。内定率を最大化させる方法である。

できることなら、スゴいガクチカもないごくごく普通の就活生で

もマネできるくらい、再現性の高いものが良かった。

それにもかかわらず、本屋に行けば、数百ページにもおよぶ狂信的な自己分析の本がズラリ。「生協で売れています！」という言葉に騙されて買ってみたは良いが、オジサンのギャグかと思うほど的外れな「こんなのやったら落ちるって誰でもわかるだろう」という本ばかり。

だからこそ、本書は「自分が就活生だったらどんな本が一番欲しかったか？」という視点で徹底的に内容を追求し、「この本こそが就活の攻略本」と誰もが思ってくれるような本に仕上げている。ただただ、完全で完璧な「就活の攻略本」である。

私は、2016年から本業の傍らで就活生に向けてアドバイスをしてきた。昔は相談に来る就活生も少なく、時間も有り余っていたため、私が勝手にガクチカを作って、勝手に志望動機を作って、「これを面接で話せよ。受かるから」というやり方をしていた。
ただ、本当に、めちゃくちゃ良い企業にみんな受かっていった。学歴なんか関係なく、驚くほどの結果を残していた。

でも、それは何もスゴいことではなく、当たり前のことだと思っている。なぜなら、この就活の攻略法は、自分が採用側、面接官側の視点で「自分だったらどんな就活生を採用したいか」を考え、逆算し、ただそれを実践するだけだから。

それが、「就活を攻略する」ということ。
今回、こんなに怪しい就活本を手に取ってくれたあなたには、心

3

から感謝している。

　その恩返しとして、面接官側の知識、私の持つ就活を攻略するための知識を全て明かしたいと思う。

　この本を読み終える頃には、あなたは少なくとも知識面においては全ての就活生の上位１割（就活強者）になっている。それだけは断言しよう。

　精神論・根性論・感情論はない。内定を獲得するための知識を学び、理解し、実践し、あなたが行きたい企業に入社する。そんな就活というゲームを、今から一緒に始めていこう。

　私と一緒に、就活というゲームを攻略しよう。

第4章 志望動機・企業研究編
——就活強者は志望動機で差をつける！

第5章 面接編——面接は自分を売り込むプレゼンの場

第 **6** 章　内定率を最大化するテクニック集
──全ての悩みの答えがここにある

装丁	森敬太（合同会社飛ぶ教室）
本文・図版デザイン	二神さやか
編集協力	株式会社ファミリーマガジン
校正	大江多加代
ＤＴＰ	株式会社キャップス

第 **1** 章

就活攻略の鍵
―― 就活生こそ「面接官の視点」を持て!

　就活を攻略し内定率を最大化する一番の手段は、「内定からの逆算」である。

　もっと言えば「面接官の視点」から逆算すること。内定を出す権利はつねに「面接官」が保有している。

「面接官が何を見て何を評価し、どんな就活生に内定を出すのか」

　この要素を学習し、理解し、行動に落とし込めば、自ずと内定率が上がる。これが就活というゲームの攻略法である。

　それにもかかわらず、多くの就活生はこの「面接官の視点」が欠落したまま闇雲に就活を進め、迷走し、苦戦している。

　本章では「面接官の視点」の全体像について解説していこう。

落ちる就活生と
受かる就活生の違い

✓POINT

内定率の最大化は「正しい情報×行動量」で決まる！

　君はどちらだろうか？　「落ちる就活生」と「受かる就活生」のどちらになりたいだろうか？

　この本を読んでいるのであれば、間違いなく後者。「第一志望の会社に受かりたい」と強く思っているはず。

　しかし、就活というゲームは、「落ちる就活生」と「受かる就活生」が明確に分かれる残酷な勝負の世界である。

　ゲームというくらいだから、もしかしたら人によって千差万別の攻略法があるのかもしれない。だからこそ闇雲に戦おうとする就活生は「就活は難しいもの」と感じてしまいがち。

　しかし、攻略が難しいと思われている就活においても、「落ちる就活生」と「受かる就活生」には大きな傾向が見て取れるだろう。その理由を知ることで、あなたが「受かる就活生」に近付くための方向性が見出しやすくなるというわけだ。

　ではこの両者の間にはどんな差があるのだろうか？

　端的に言えば、「正しい情報×行動量」の掛け算に基づいて就活に挑んでいるか否かである。これを意識できていれば、間違いなく内定率を最大化させることができると断言しよう。

　そもそも正しい情報は、「その情報があなたの内定率を上げる、第一志望から内定をもらうために適した情報なのか？」という点で考えてみてほしい。
　現代は情報化社会であり、さらに言えば情報があふれすぎている。就活というゲームにおいても様々な（私から見れば誤った）情報であふれかえっており、多くの就活生が「何が本当に正しいのか？」と疑念を抱き、時には誤った情報に踊らされ、信じ込み、行動に移してしまっている。

　就活に限らず、表面上では「良い情報」のように見せかけていながら、そうではないものがたくさんあるということは言うまでもない。ネットはもちろん、就活本でそれなりの肩書きを持っているような人が主張しているものの中にも、根拠のない、いい加減な情報がたくさんあるということを忘れてはいけない。
　これが原因で就活に大失敗。落ちる側の就活生になるべくしてなっているというわけだ。

　たとえば、「逆転内定のための逆質問」「正しいノックの回数は決まっている」「会話は絶対に1分以内で語れ！　できれば45秒以内で語れ！」などとSNSでバズっていたりするが、断言しよう。こういった情報を流す者は、面接官として経験のない人間だと考えてよい。
　もっと言えば、SNSで学生を食い物にして小遣い稼ぎをするよ

うな連中の持論、妄想、独り言でしかないと私は思う。

　少し前に「○○のスーツで内定を獲る」といったニュアンスで語られた書籍があったが、私にとってみればもはやギャグである。
　仮に、もしもあなたが面接官の立場だったとして、いきなり個性的なスーツを着た自信満々の就活生が来たらどう思うだろう？
　きっと、TPO の配慮のない空気が読めない人間だとか、就活系迷惑 YouTuber の「○○のスーツで面接行ってみたｗｗ」企画か、あるいはただのバカが来たと思うのではないだろうか？

　ちなみに、メイプル超合金・カズレーザーさんは、バンダイナムコの就活説明会に、お馴染みの上下真っ赤な勝負服で参戦したのだと言う。「今日のバンダイの説明会に"赤い彗星シャア"がいた！」とネット掲示板を騒がしたのは有名な話である。もちろん彼は見送りに。

　企業とは組織であり、組織には調和が必要。社員全員が空気を読むことで組織は成り立っている。その調和を乱すおそれのある個性的なスーツ姿の人物や、赤い彗星シャアがドヤ顔で面接に来たら、と想像するだけで恐ろしくならないだろうか？
　そんなギャグのような情報が記載されている書籍が本屋に並び、それを正しいと誤解し、行動に移した就活生が一定数いるのも事実である。可哀想に、誤った情報を誤っていると気付けないのが、就活生という生き物である。

　「落ちる就活生」は、そういった「悪い情報」を集めてしまう、情報収集が下手な人が多く、それに加えて、就活において根本的に大

事なゴールの設定ができていない人が目立っている。

　これは、就職活動に限らず、社会人になってからの仕事でも言えることだが、ゴールを決めずに「何となく」で始めた人や、良い情報と悪い情報の見極めができない人は、物事がうまくいかない傾向がある。

　就活のゴール＝目的をしっかりと設定し、正しい情報の取捨選択ができるようになれば、やるべきことが自ずと浮かび上がってくるはず。

　だからこそ、まずは正しい情報を。もっと言えば、「内定を獲る上での最善の情報＝内定を出してくれる面接官から逆算された情報」を選択していかなければならないのだ。

　続いて、行動量については「正しい情報に則ったアウトプットの反復」と考えてもらいたい。これは第5章の面接編で詳しく説明するが、とにかく就活生は行動量が少ない。とくに、アウトプット量が圧倒的に少ないのだ。

　面接は、プレゼンと同じでやればやるほど上手くなる。しかし、面接や面接練習から逃げる者が多すぎる。行動量のある就活生とない就活生で大きな差が生まれ、ここで大きな差が生まれてしまうのは必然である。

　本書では、「内定を獲るための最善策＝面接官の視点」「正しい行動のとり方」について具体的にお伝えするつもりである。

　まずは、内定率を最大化するためには、「正しい情報×行動量」が重要だと、頭の片隅に置いて、読み進めていただきたい。

全ての企業に共通する
採用したい就活生とは？

☑POINT

「活躍を期待させ、長期的に定着する可能性」がある就活生に
内定のチャンスは生まれる！

　ここでは、就活生が知らない「面接官側の視点」について話をしよう。
「企業はどんな人を採用したいのか？」という、就活の中で最も本質的な部分であり就活生が一番知りたいこの質問について、あなたはどう考えているだろうか？

　その答えは「売上・利益に長期的に貢献できる人」。もっと大きな枠組みで言えば、企業の採用活動の最大の目的と言っても過言ではない。この視点が、就活を進めていく上で非常に重要なポイントになるのだが、残念なことにほとんどの就活生がこれを知らない。と言うよりも、重要視していないのだ。

　なぜなら、就活生が情報収集のために用いる多くの就活本や自称就活のプロと語るSNS上で元気な情報商材屋たちが、口をそろえてこう言う。

「一緒に働きたいと思える学生に来てほしい」

「会社の風土とマッチする学生がいたら良いな」

「理念に共感してくれる学生を歓迎します」

　断言しよう。これは就活における本質では決してない。就活生のあなたには、ぜひ企業の採用活動の裏側を知るところから始めてほしい。そうすることで、就活に対する考え方、進め方で内定率が確実に変わっていくからだ。

　当然ながら、企業や職種によっても求められる人物像は、細かく言えばそれぞれ異なるわけだが、すべての企業に共通する採用したい人物像というものがある。それを押さえておけば内定率が底上げされるだろう。

　裏側の１つとしてまず知っておいてほしいのは、**企業の採用活動の本質は「投資」である**ということ。決して苦楽を共にする仲間を集めるためではない。

　企業が長期的に繁栄するためには、売上・利益を出し続けなければならないということは、言うまでもない。そのためには「一緒に働きたい」と思える就活生ではなく「売上・利益貢献が期待できる就活生」を採用したいと思うのは必然である。

　加えて、"短期"利益ではなく"長期"利益であるということも忘れてはならない。新卒採用は社会人になりたての、言わば卵から孵（かえ）ったばかりのヒヨコなのである。

　そんな新人が、企業の売上・利益に貢献できるようになるまでに

15

かかる時間は相当なもの。それまでは給料だけでなく、福利厚生費、社会保険料、研修費用など様々なコストを投資して、ニワトリに成長するまで見守られていくわけだ。

　投資した費用の回収が見込めるのはじつに入社3〜4年目と言われている。その間に中途半端に転職・退職などされたらどうなるだろうか？　つまり"投資"は大失敗。
　仮に、定年まで勤め上げたとしても、生涯賃金を含めて数億円の投資がなされるわけだが、企業側としても「数十年かけて数億円のコストが1人の社員にかかったけれど、それ以上に売上・利益に貢献してくれたから、投資としては成功だった」となるのである。

　この前提をきちんと理解すると、おそらくあなたの就活の進め方は根本的に変わっていくだろう。
　志望動機であれば「入社したい理由」だけでなく、「自分が活躍・貢献できる理由」まで言葉にすることができるはずである。

　たとえば、本が大好きな人が出版社に就職を希望するというケースは少なくないが、本が大好きな人は「自分はこんな本を世の中に送り出したい」と考えてしまいがち。
　もちろん、やりがいや目標としてそういった考えを持ち続けることは悪いことではないが、実際に本を出版するとなると、自分の出したい本よりも、となる。

　つまり、面接で「自分はいかに本が好きか」を熱量高く語っても、売上や利益に貢献できるかどうかは、残念ながら面接官には全く伝わらないのだ。

　これはあらゆる業界でありがちな光景であり、就活生のよくある勘違い。企業はボランティアではないから、やはり売上や利益の確保からの視点を求めているのであって、本が好きなだけなら「お客さん」の視点で終わってしまうのである。

　本好きをアピールするよりも、出版に携わっている人たちはどのようにニーズをつかみ、どうやって世の中に求められる優れた作品を送り出し、結果として所属する会社にどれほどの利益をもたらしているのか、という視点が必要。
　その過程で必要となる能力を自分は持っているのか、あるいは今後持つことができるのか、そういったことを面接でうまく伝えることが、内定率を上げるポイントというわけである。

　同じように、ガクチカや自分の強みを語るのであれば、今お伝えしたように、入社後に携わる可能性が高い業務内容から逆算して、魅せ方の工夫ができるはずである（ガクチカ、志望動機の効率的かつ効果的な作り方は第3章以降で詳しく解説する）。

　要するに、企業の採用活動の目的を理解し、採用したい就活生像を逆算して就活の戦略を設計すれば、内定率は飛躍的に上昇するということ。

　そう、本章のテーマである「面接官の視点を持つことが就活攻略の鍵」というのは、現状の視点を180度変えてみるからこそ見えてくる、就活の戦い方を知ることなのだ。
　つまり、戦略と工夫次第で内定は勝ち取ることができるというわけである。

誰も教えてくれない
「評価項目」と「逆算思考」

☑POINT
評価項目から逆算すれば、内定率は格段に上がる！

　採用側の目的がわかったところで、次に疑問となるのは、面接官は就活生の何を見て面接の合否の判断をしているのか、ということではないだろうか？

　多くの就活生が知りたいこの答え、裏を返せば「面接の合否の仕組み＝評価項目」と理解して、面接に臨むことができれば、内定率を大きく上げることができるというわけだ。

　そもそも、面接官の役割とは何かご存じだろうか？　自分が採用したいと思った人を採用すること？　否、それは大きな間違いである。

　面接官の役割とは、先述した通り、売上・利益を長期的に上げてくれる可能性を持った人を見極めることにある。

　たとえば、面接官が自身の感覚で「なんとなくこの学生良いな」、体育会系出身の面接官が「お、この学生体育会系か！　良いぞ！」、

バカな面接官が「この子、俺のタイプだ」といった具合に、独自の基準で採用していては、企業の最大の採用目的である「長期的に売上・利益を上げ続ける」ことを達成できるはずがない。

　また、大企業になればなるほど、面接官の人数は増加する。以前私が勤めていたメガバンクでは、就活生の採用活動に対して数百人規模の面接官が動員されていたくらいである。
　この数百人が独自の基準で採用活動をしていては、組織として成り立たなくなってしまうのは想像に難くないだろう。

　そのため、企業は売上・利益を最大化させるために、**長期的に活躍する人を採用する仕組み（ルール）作り＝面接における評価項目の設計**を行なっているのだ。

　平たく言えば、「うちの会社こんな仕事するから、こんな能力ある人が活躍するねん。だから面接官の皆さん、面接で見てほしいポイントのチェックリスト（評価項目）を作ってやったで。会社が儲かるためにこのルールにしっかり則って面接してくれよ。間違っても自分のノリで採用するなよ！　会社に必要な人を採用してくれよ！」みたいな話。

　評価項目の一例は、次のページの図を参考にしてほしい。詳しくは、第2章以降で解説していくが、ここで示したのは、とあるメガバンクの評価項目である。
「ガクチカ1」「ガクチカ2」「人物面」「志望動機」「志望度」の5項目をそれぞれ3点満点、計15点満点で審査し、合計11点以上が通過最低基準となっている。

とあるメガバンクの評価項目

	見ているポイント	点数（各3点）
ガクチカ1	学生時代に頑張ったこと （難易度・達成過程・達成意欲など）	3
ガクチカ2	同上	3
人物面	人物印象・清潔感・マナー・素直さ・ ストレス耐性・言語化力・思考力・愛嬌	3
志望動機	志望背景・ロジック	3
志望度	競合他社との比較・キャリアビジョン	3

15点満点で11点以上が通過最低基準

　これらの採点に加えて、金融業であれば無形商品を取り扱う社員本人が商品とも言える職種のため、面接官は「この人を1年後に自信をもってお客様の前に送り出せるか」といった視点から評価していくことになる。

　その他、自分の強みを理解する「自己認知」や、様々な人の意見を聞き入れて最適解を導き出せるかどうかの「他者受容」、計画を立てて物事を進める「目標設定と達成」といった項目は、重要性が高いと認識されているケースが多い。

　さらに、面接全体を通じて、会話にズレがないかといった点を見る「思考力」、チームで仕事をする上で欠かせない「協働力」、向上

その他の評価項目の例

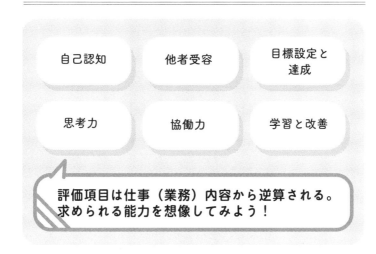

自己認知　　他者受容　　目標設定と達成

思考力　　協働力　　学習と改善

評価項目は仕事（業務）内容から逆算される。求められる能力を想像してみよう！

心や修正力をチェックする「学習と改善」といった項目が審査対象になることもあるため、これらも頭の片隅にしっかりと入れておいてほしい。

　ここまでの話を理解したあなたなら、「てか、この評価項目に基づいて面接の合否決めてるなら、この評価項目で高い点が取れるように逆算して面接に臨めば良いじゃん！」と思うはず。

　まさに、その通りである。答え（面接の評価項目）から逆算して、高得点が取れる就活生を演じる……。戦略的に作り込むことで、内定率を劇的に上げることができるのだ。

　それにもかかわらず、多くの就活生が、残念ながらこの評価項目

の存在すら知らずに就活を進めてしまっている。

　繰り返しになるが、就活はゲーム。ゲームで高いスコアを上げるのと、面接で良い評価を得ることは、同じ作業だと考えてもらっても良い。

　そして、ラスボスを倒すことで初めて、内定を勝ち取ることができるというわけだ。

　ぜひ、あなたもこの就活のゲームの勝者になってほしいと思っている。

　そのためには、採用側の評価項目を知り、理解し、逆算して、企業が求めている就活生として戦略的に自分を鍛え、作り上げていってもらいたい。

真の攻略本を持って
就活を始めよう

✓POINT
就活は攻略法のあるゲームである！

　ゲームでも、就活でも、勝負というのは、勝ち方を知っている人が最後に勝つと私は思っている。ゲームでは絶対的な攻略本なんかがあったりするように、攻略法を知っているか知らないかで戦い方は劇的に変わるのではないだろうか？

　私が就活生時代に一番しっくりきた就活のアドバイスについて話そう。実際に以前勤めていたメガバンクの選考を受けた時のこと。当時の面接官に「僕たちはこういうところを見ています」と、正面から教えてもらったことがある。

　私はあまりにも唐突で拍子抜けしてしまったのだが、面接官から「僕たちは銀行で活躍するこういう人材を採りたい」という観点で、「今あなたの書類の文章ではこういうところが足りていない、こういうところが矛盾している」と話した上で、「だから、それを直してきたら上の人に面接を通してあげるよ」というような、具体的な助言をもらったのだ。

結局のところ、就活で最初に考えなくてはならないのは、「面接官が何を基準に評価し、それに対して自分は何が足りていないのか」を知ること。

　当時の面接官はまさにその本質を伝えてくれたように思う。それを、自分なりにパフォーマンスに落とし込んで応用してからは、なんと面接で一度も落ちたことのない無双状態になることができたのだ。

　やはり、就活をゲームとして考えると、採用担当者の声こそが、最も参考になる攻略情報と言えよう。しかし、その情報を自力で集めるのは非常に大変で、忙しい就活生にとっては、そうかんたんにはできることではないということもわかっている。

　だからこそ、採用側の視点を盛り込んだ本書を攻略本にして、就職活動に臨んでほしい。

　もう1つ私の昔話をしよう。2016年卒の就活生たちに向けて就活のアドバイスを始めてから、早いものでもう8年目となる。

　アドバイスを始めた当時から今に至るまで、一貫して変わらない考え方として、私は「就活生が面接官の視点を持って評価項目を知り、内定から逆算して就活を進めたら、無双できるのでは？」とつねづね思ってきた。

　実際に、私がアドバイスしていた2016年卒の1期生の就活生に、とあるFラン大学（失礼で大変申し訳ないが）に通っていた学生がいた。

　当時は、今ほど相談に訪れる就活生も少なかったため、マンツー

マンで就活の仕組みを解説。内定から逆算して、面接官が好むであ
ろうガクチカや志望動機を、私が勝手に作ってしまっていたのはオ
フレコだが……。

「お前、これ話せば受かるから、あとは面接の練習だけ徹底的にや
り込め！」

　そう言って模擬面接を繰り返し徹底的に指導した結果、見事に大
学史上初のメガバンク、大手製薬会社から内定を獲得した。今でも
内定報告の電話と渋谷の交差点で熱い握手を交わしたのを覚えてい
る。

　その後も、いわゆるＦラン大学から初のキー局、大手メーカー
企業の内定、中堅私立大学から十数年ぶりの大手エンタメ企業、総
合商社、大手コンサル企業の内定など、「大学史上初」「数十年ぶ
り」といった嬉しい報告を続々といただいてきた。

　ただ、私からすれば、就活は攻略法さえ知っていれば、絶対に勝
つことができるゲームであり、至極当然なことなのだ。
　多くの就活生が知らない、面接官の視点に立つことで見えてくる
評価項目の数々。これは、ゲームで言うところの「攻略本」そのも
の。この攻略本を持って就活を進めるのと、なんとなく自分なりの
やり方で就活を進めるのとでは、結果が大きく変わるのは言うまで
もないだろう。

　本書は、すべての就活生にとっての攻略本であってほしいと考え
ている。気合いや根性論、感情論などを説くつもりは一切ない。私

自身、気合いや根性論、感情論が大嫌いであるし、内定を勝ち取るために全く必要ないと断言しているからだ。

　就活の本質を捉えた上で、面接官の視点から戦い方、勝ち方を理解してもらう。目的はとてもシンプル、あなたの内定率を上げること。ただそれだけの攻略本。

　次の章からは、自己分析、ガクチカ、志望動機・企業研究、面接、その他の実践的知識などに分けて、より具体的な攻略法を解説していく。

　これらを通して、あなたの内定率を劇的に上げたいと思っている。もっと本音を言えば、こんな怪しい、胡散臭そうな本を手に取ってくれてありがとう。

　そんなあなたにこそ、最高の就活をしてほしい。騙されたと思って最後まで読んでみることをおすすめする。ライバルの就活生たちにめちゃくちゃ差がつくから。

　だって、読み終わる頃には、あなたの頭の中には面接官の視点があるから。最強の就活生のできあがり。これが私の本音。

　さあ、ここからが実践編。一緒に就活を戦っていこうじゃないか！

第 **2** 章

自己分析編

──自己分析はただの武器探し

~~~~~~~~~~~~~~~~~~~~~~~~~~~~~~~~

　第1章では、「面接官の視点から逆算する」ことで内定率を最大化させることができるとお伝えした。第2章では、より実践的な「自己分析」の話をしていきたい。

　自己分析は、全ての就活生が行なう、就活を進めていく上で一番最初に始める大切な作業である。しかし、自己分析には答えもゴールもないと思われているため、ほとんどの就活生は"なんとなく"よくある就活本に書かれている通りにことを進め、"無意味"な自己分析をしている。

　それでは、きっとあなたの武器になる「内定率を上げるための自己分析」の話をしていこう。

【プロローグ】
ひぐま君のお話①

☑POINT

"宗教的"自己分析?
バカな就活アドバイザーと意識高い系早稲田君と気弱な女の子

　少し私の就活生の頃の話をしよう。私が就活生だった当時は、SNSにおける情報も乏しい時代。大学3年生の12月、就活を"なんとなく"スタートした私は、ネットサーフィンをしながら適当に就活情報を眺めていたのだが、ふと目に入った「自己分析セミナー」の文字が気になった。

　お察しの通り、ここでも"なんとなく"参加してみることに。場所は、東京・市谷にあるセミナールームで、社名は忘れてしまった……というよりも記憶にすら残らなかった謎のベンチャー系人材会社が主催のセミナー。

　会場では、30人くらいの就活生が一組5〜6人くらいのグループに分けられていて、私も案内されたグループに着席。すると、向かいの就活生が、まさに飛ぶ鳥を落とす勢いで「自己紹介しようや!　俺、早稲田の○○って言います。よろしく!」と、あろうこ

とか場を仕切って自己紹介を始めたのだ。

　そもそも、彼（以下、意識高い系早稲田君）のようにそういう場で聞いてもいない「学歴付き自己紹介」を自分からひけらかす人間は大嫌いなのだが、空気は読めるタイプなので、「中央大学のひぐまあきのりです。よろしくお願いします」と無感情で返した。

　しばらくして、「みなさん。今日はよろしく！」と無駄にデカい声の講師が挨拶を始めたわけなのだが（今でも覚えている。小太りのめちゃくちゃ茶髪のオジサンで、見た目は芸人のプラス・マイナスの岩橋さんみたいな感じ）、当時の私は、「社会人で茶髪のヤツにロクなヤツはいない」と考えていたこともあって、この小太り茶髪のオジサン（以下、岩橋さん）の無駄にデカい挨拶を聞いて、「ちょっとミスったかも……」と強く感じたのだ。

　岩橋さんは、自分は就活のプロで、就活アドバイザーを生業にしているのだと言う。「……なんなんだよ、その仕事」とさらに不安を駆り立てられたことは、言わないでおこう。
　とまあ、第一印象は最悪なわけなのだが、安心してほしい。この時の予想は見事に的中している。

「自己分析は就活で何よりも大切です！　これからみんなで自分と向き合い、自己分析をしてみましょう！　そのために、まずはこの『モチベーショングラフ』を書いてください！　そしてそこに、あなたにとっての『就活の軸』を書き込んでください！」

　と、岩橋さんが1枚の紙を手渡してきた。モチベーショングラフ

については後ほど具体的に解説するが、かんたんに言うと、人生の
モチベーション的なものがアゲアゲな瞬間とサゲサゲな瞬間を書き
出すことで、そこから自分の価値観を見出していくのに使うツール
のこと。

「あなたが大切にしたい就活（企業選び）の軸は何ですか？　３つ
書いてください」

　この質問に対して、私は当たり前のように「年収」「大企業」「土
日休み」と書き込んだ。すると、こちらも飛ぶ鳥を落とす勢いで
「ひぐまくぅ〜ん、そういうのはダメだよ！　モチベーショングラ
フやったでしょ！　もっと自分の価値観と向き合わないと〜、向か
いの早稲田の彼を見てごらん！」と岩橋さん。

　向かいの意識高い系早稲田君の手元を見ると、「圧倒的成長」「若
いうちからの裁量権」「社会貢献」といった、ブラック企業の幹部
が好んで食いついてきそうなワードがズラリ。
　さらに周りを見渡すと、大人しくて気の弱そうな女の子の手元に
は、「成長」「チーム」「感謝」（もちろん、彼女からは１ミリたりと
も"成長"や"チーム"性は感じられなかった）とあった。

　結局、私は今思えばあからさまに不服そうな顔で、高校まで野球
をしていた経験から「成長」「チーム」「成果主義」なんていう、ネ
ズミ講のセミナーであふれ出てきそうなワードをそっと書き込むこ
とで、お許しをいただいたのだった。

　案の定、その後の時間も「一体この時間は何なんだろう……。俺

じぶま君のモチベーショングラフ

モチベーション

100 / 80 / 60 / 40 / 20 / 0 / -20 / -40 / -60 / -80

小学生　中学生　高校生　大学生

- 大学2年から始めたスポーツジムのバイトがけっこう楽しかった。楽だし、おじさん、おばさんが多いしてるだけでお金がもらえるる。でも、時給は安い。870円。

- 相変わらず廃人だったけど、給付型奨学金で36万もらえるようになったけど、面接が足りてなかったり、成績が良かったり、このお金でバイクを買った。

- 一人暮らしを始める。だんだん学校に行かなくなる。友達もできてフル単だったけど、何もやってない。

- 中大合格。早稲田。明治には落ちたけど、個人的には大満足。

- 部活を引退して受験勉強開始。9月の模試で偏差値45。ヤバいと思って勉強をした。12月の模試で偏差値57まで上がる。ストレスで3ヶ月で体重が10キロも落ちた。勉強はやり方も考えていなくて、とにかく量。3ヶ月くらいしゃらにやっていて、やっと勉強の仕方が見えてきた。

- 大学2年生の前期に実家の蕎麦屋が潰れる。原因は母親の蕎麦アレルギー。奨学金を借りることになる。ヤバいと思ったけど、別に何をするわけでもなかった。話されて野球サークルに2年生から入る。ゆるく参加していた。

- 中学では2軍寄りの高校のインキャだったけど、枚から、また陽キャルーブになった。野球部ではレギュラーになって、褒めてもらって、自己肯定感が上がったからだと思う。

- 高校3年生の最後の大会で前年はベスト4の強豪私立に延長で勝つ。くらい活躍して、自分も人生で一番目立っていた。後輩の女の子に人生で初めてメアドを聞かれた。可愛くはなかった。

- 練習がつらくて毎日辞めたかった。1年生の時からレギュラーになって、苦しいけど、楽しい。楽しいけど苦しい、そんな繰り返し。監督が敵すぎて、今思えばこんなクソだったと思う。

- 受験では第一志望の高校に合格。野球を続けるか迷ったものの、中学校のことにモヤモヤが出なかったから、高校でも野球部に入ることに決めた。

- 中学2年からレベルの高い環境を求めて地域の野球クラブチームに入る。あまりにもレベルの違いを痛感した。結果も出なくなって、野球を辞めたいと親に相談した。

- 初めて野球で個人表彰を貰う。学校でもリーダー的な立ち位置だった。

- 恩師に出会う。自主練習のおかげで野球がうまくなり、楽しさを感じるようになる。

- 中学校入学。入学式の代表挨拶もしたが、とにかくヤンキーにビビっていた。クラスの2軍ボジションになる。実家の蕎麦屋の近くに人気ラーメン店ができて、子供ながらに家の売上とか、お金のことを気にするようになった。

- 友達は多かった。ゲーム機も揃っていたので週3日の頻度で家に友達が来て遊んでいた。

- 小学4年生の時に友達に誘われて野球を始める。野球は好きだったけどめちゃくちゃ下手で練習に行くのが少しだけ憶劫だった。

の就活軸は『成長』『チーム』『成果主義』なのか!?　いやいや、やっぱり『年収』『大企業』『土日休み』だろ！」と考えを張り巡らせることに。

　最後に岩橋さんは、「今日のセミナーはどうでしたか!?　私たちは皆さんの就活軸に合った企業を紹介します！　皆さんには就活のプロがメンターとして付いてアドバイスしますから、興味のある方は残ってくださいね！」と無駄にデカい声で宣言。

　数名の自称就活のプロたちの「ほんとに大丈夫!?　無料で面談するよ！」と引き留めてくる言葉からそそくさと逃げるように、私はその場を後にした。

　ふと振り返ると、例の大人しくて気の弱そうな女の子に、岩橋さんが張り付いていて、有無を言わさない様子。
　きっと彼女は、「成長」「チーム」「感謝」を感じられる最高の企業を紹介してもらえるのだろう。心の中で「頑張れ！」とそっと呟いた。
　めでたしめでたし。

「自己分析」という病 —— 就活弱者ほど 無意味な自己分析にハマる

そもそも自己分析は、何のために行なうのだろうか？　私は、一言で言えば、「内定率を上げるための"武器探し"」だと考えている。この"武器"については、44ページから詳しくお伝えしていくつもりだ。

ちなみに、よくある就活本や就活情報サイトなどには、「自己分析を通じて、自分の強みや価値観を把握しよう」とあったり、自己分析について語るだけの500ページを超えるような書籍もある。

多くの就活生は、まずは自己分析を始めるところが就活のスタートであると考えていると思う。もちろん、それも正しいのではあるが、本書の目的である「内定率の最大化」を目指す上で考えると、自己分析のやりすぎは"時間の無駄"になる可能性があることも、十分に理解してほしい。

実際に、私が就活生だった頃、500ページを超える「絶対に内定が取れる！」と謳った我を極める系の自己分析本を購入して、その

通りに自己分析を進めていたこともある。

　そして、かなりの時間を費やして一生懸命自己分析に没頭していたある日、ふとこう思った。

「自己分析ってゴールがなくね？」

　今振り返れば、ここで"自己分析の沼"から抜け出せたのは、不幸中の幸いだったように思う。そもそも、就活の目的は、「行きたい会社を見つけ、行きたい会社から内定をもらう」こと。

　そのための手段の１つでしかない自己分析を、何日も、何ヶ月も時間をかけてじっくり行なう就活生がとても多いことが残念で仕方がない。

　第１章でも触れたように、"闇雲に""なんとなく""何から始めて良いかわからない"からこそ、よくある就活本や就活情報サイトの情報を鵜呑みにしないでほしい。

　また、「まだ俺は自己分析が十分じゃないからな〜」と言い訳をして、なかなか面接に向かわない就活生がいる。ちなみに、このような人間のことを、私は「就活弱者」と呼んでいる。

　というのも、私はつねに、100時間の自己分析より１回面接に行くほうがはるかに成功する確率が高いと考えているから。

　内定は自己分析では出ない。面接で面接官から「○」をもらうことで内定が出るのだ。

　つまり、もっとわかりやすく言えば、ゴールは「面接」にあるということ。そのため、目的のない自己分析に貴重な時間を割くのではなく、とにかく面接から逆算して考えるようにしてほしい。

自己分析の目的と鉄則

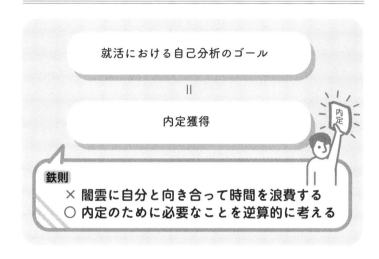

就活における自己分析のゴール

＝

内定獲得

内定

鉄則
× 闇雲に自分と向き合って時間を浪費する
○ 内定のために必要なことを逆算的に考える

　まずは練習でも良いから、いろいろな企業の面接に行ってみる。面接で自分はどんなことを聞かれやすいのかという傾向を知る。

　さらには、面接で質問された内容について上手に答えられなかったこと、具体的なエピソードが足りなかった点について深掘りされたことを、次の面接では必ず答えられるような気持ちで、自己分析をしてネタを探す。

　これが、自己分析の鉄則。あなたも、このほうがはるかに有効的だとは思わないだろうか？

　自己分析は、あくまで内定を獲得するための1つの手段。目的のない自己分析は無駄に時間を浪費してしまう。しっかり、面接というゴールから逆算して自己分析をするようにしてほしい。

モチベーショングラフは
あなたを救ってはくれない

☑POINT
自己分析は、時として企業選択の視野を狭くする！

じつは他にも、自己分析にはあなたを惑わすワナがある。「自己分析に没頭することで企業選びの選択肢が減る」と言われたら、あなたはどう思うだろうか？

ここでは、31ページの私の過去の経験談でも登場した「モチベーショングラフ」を使った自己分析について、企業選択の視点で話をしていこう。

自己分析をする際に用いられることが多い「モチベーショングラフ」だが、これは要するに、自分自身の今までの人生を振り返ることで、自分の価値観を具体的に捉えていくものである。

いつ、どんなときに、自分はモチベーションが高くなる（下がる）のか？　やりがいを感じるのか？　逆に、気持ちが落ち込んでしまうのか？　といった、心のモチベーションの部分に焦点を当てて、過去の経験を整理し、言語化していく手法となる。

一般的に就活で使われる目的は、「自分の大切にしている価値観」

を明確にすることで、それに基づいた自分にマッチした企業、仕事を選択するというもの。

　私の例であれば、20歳の時に実家の蕎麦屋が潰れてしまい、奨学金を借りざるを得なかった経験がある。もちろんその時は、心はどん底にまで落ち込んだものの、モチベーショングラフを用いた就活の企業選択の視点においては、

「実家の蕎麦屋が潰れたけれど、奨学金という金融の仕組みによって、引き続き大学に通えることになった。この経験から、いろいろな人や企業が金銭的な理由によってチャレンジすることを諦めてほしくない、そんな人や企業を金銭的な面から支えたいと思うようになった。ということは……、自分は『金融業界』で働くしかない！」

　という考えのもと、「金融業」を選択することができたというわけである。さらに例を挙げるとすれば、

「昔から肌が弱く、中学生の頃から鏡を見るのも嫌なくらい酷いニキビ顔だった。自分に自信が持てず、いつも俯きがち。ただ、部活を引退した後から、スキンケアに気を遣うようになったところ、肌質が改善されて少しずつ自信が持てるようになった。すると、初めて彼女もできた。美容化粧品という自分の人生を変える手伝いをしてくれた商品を、より多くの人に届けたい。昔の私と同じように苦しみ、悩みを抱えている人の人生を変える手伝いがしたい。だから、『化粧品業界』で働きたい！」

　という事例もあるかもしれない。じつに素晴らしいエピソードで

ある。ここまでの話だけだと、「モチベーショングラフって万能じゃん！」と思うかもしれない。もちろんこれはこれで良いのだが、モチベーショングラフを用いた自己分析には大きな欠点がある。

それは、「過去の出来事から派生する業界・企業・仕事にしか選択肢がない」ということ。

たとえば、to B メーカーの業界は優良企業が多いわりに、多くの就活生のモチベーショングラフの延長線上には選択肢として存在しにくいのだ。

逆に、to C メーカーはどうだろう。あなたのような、就活生が普段から気軽に手に取るような商品を扱う企業ばかりに、目を向けがちではないだろうか？　これは非常にもったいないことだというのを実感してほしい。

それにもかかわらず、残念なことに就活業界では「就活を始めるならモチベーショングラフから」という風潮すらある。

これは手軽に「やった感」を得られるからというだけで、参加者に満足感を与えたい就活セミナーなどで重宝されているだけ。

そもそも、必ずしも企業が求めるモチベーションと、自分の過去の人生のモチベーションが共通するわけではないことも容易に考えられるだろう。つまり、時間をかけてモチベーショングラフを必死に作り込んでも、それはあなたを救ってはくれないのだ。

私は、企業選びにおいては、自分の過去の経験と紐付ける大きな理由は必要ないと考えている。一番重要なのは、自分の可能性を狭めるような自己分析、つまりはモチベーショングラフに囚われ、踊らされないということ。

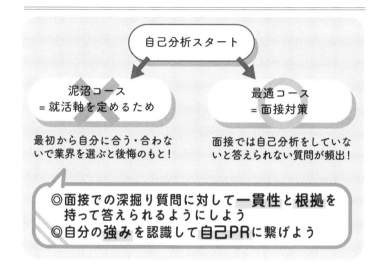

自分の可能性を狭める自己分析は絶対に NG ！

自己分析スタート

泥沼コース
= 就活軸を定めるため

最初から自分に合う・合わないで業界を選ぶと後悔のもと！

最適コース
= 面接対策

面接では自己分析をしていないと答えられない質問が頻出！

◎面接での深掘り質問に対して**一貫性と根拠を**持って答えられるようにしよう
◎自分の**強み**を認識して**自己PR**に繋げよう

「なんとなくこの会社良さそう……」「よく分からない業界だけどめっちゃホワイトって先輩が教えてくれた」「とくに扱っている商品に思い入れはないけど大企業で安定している」といったような "ふわっと" した理由でたくさんの企業、仕事に興味持ってもらいたいと思っている。

そして、その "ふわっと" 興味を持った企業であったとしても、内定をもらうために戦略的に就活を進めるという視点を持つことが正解だと思っている。

時間と労力だけを削る無駄な自己分析や、モチベーショングラフを使って視野を狭くしたりせず、時間と労力を最大限に活用し、広い視野を持って就活に臨んでほしい。日本には、ほとんどの就活生が知らない、本当に良い企業がたくさんあるのだから。

「本音軸」と「建前軸」の2つの軸を使い分ける

就活強者は、自己分析の軸を2つに分けて逆算思考できる人!

自己分析やモチベーショングラフの作成に取り憑かれた就活生は、等しく「自分の価値観、就活の軸にあった業界や企業はどこだろう?」と考えてしまう。

繰り返しになるが、自分の過去の経験からのみ派生した価値観を起点にして就活を進めていくわけだ。

一方で、様々な業界や大手企業などから内定を獲得しまくる就活強者は、少し異なる視点を持っている。

それは、「本音軸」と「建前軸」の2つの軸に分けて考えることができているということ。

もっとかんたんに言えば、就活を「ただ行きたい企業から内定をもらうために何をすべきか?」ということを最優先にして、合理的に就活を進めるという視点。

実際に、私が就活生だった当時もこの視点をかなり重要視してい

た。30ページでも触れた通り、私の就活の軸は「年収」「大企業」「土日休み」。

　この3つの軸からブレることなく「年収が高そうだし、将来食いっぱぐれしなさそうな銀行受けとくか〜」というノリでES（エントリーシート）を送り続け、一部の年収が高めのメーカー企業なども視野に入れながら就活を進めていた。

　この「年収」「大企業」「土日休み」というのは、心の底からの願望である、いわゆる「本音軸」。
　一方で、面接において、面接官を口説くための「建前軸」は、もちろん全然違う。

　たとえば、面接で、「銀行は年収も高くて、土日も休みだし、メガバンクは安定しているし、将来転職とかしたくなってもここの看板があればすぐにできちゃいそうなので」などと本音を伝えてしまったら、何が起こるだろうか？　答えはかんたん、一瞬で見送りに。

　39ページでもお伝えしたように、自己分析においては「本音軸」をもとに“ふわっと”興味、関心のある業界や企業をどんどん見つけていくことが大事になるのだが、面接でバカ正直に語るのは、もちろんNG。

　見送りにならないためには、内定をもらうための「建前軸」をとにかく作り込んでいくことが必要なのだ。これが、つまり「就活軸」になるというわけである（就活軸＝建前軸の作り方は第4章の志望動機編で具体的に解説する）。

「本音軸」と「建前軸」の使い分け方

本音軸	建前軸
企業選択として使う	内定獲得の武器として使う
例：年収、大企業、土日休み など	例：自分の経験や知識を活かせること、困っている人の支えになること など

面接には、業界や企業の特徴から逆算した建前軸をとにかく作り込んで臨むこと！

　私が内定をもらうために徹底的に作り込んだ、実際の「建前軸」を例に挙げよう。

「私の就活軸は2つあります。1つ目は、自分の知識や経験、成長が人のためになる仕事であること。2つ目は、困っている人の支えになるような仕事であることです」

　こんな当たり障りのないような言葉。もちろん、そんなこと微塵も思ってもいなかった（もしかしたら当時はちょっと思っていたかも）のだが、私はとにかく内定をもらうことを最優先に「金融業界、銀行だったらどんな就活軸を話せば受かりやすいか？」ということを、業界や企業の特徴からとにかく逆算をしていたのだ。

　もっと具体的に言えば、「金融って無形商材だし、自分が商品になるような仕事だから、『自分の成長が人のためになる』って単語はマッチしそうだな。あと銀行って、困っている人にお金を貸して、その人のチャレンジを支えてあげる仕事だよな。それなら『人を支える』って単語もあると良いかも」という思考の流れで導き出された言葉。

　こうして、内定をもらうための面接用の「建前軸」を作り込んだことで、見事内定を獲得することができたというわけだ。

　私の就活勉強会に参加してくれた、業界関係なく様々な大手企業から内定を獲得する就活生も、「その業界や企業の特徴から逆算して、業界や企業ごとに就活軸（建前軸）を変えていました」と言う人が大勢、というよりほとんどである。

　でもそれくらい、「本音」と「建前」を明確に切り分けて就活に臨む姿勢が功を奏すのだ。

　なぜだろうか、就活というゲームにおいては「本音」と「建前」を分けて考えることが、まるで悪いことのように考えられている風潮がある。

　ここで断言しよう。それは間違っている。就活は「自分が行きたい会社に行く確率である『内定率』を最大化させる行動」が何よりも正しいと私は考えている。

　そのための2つの軸。「本音」と「建前」の軸を持ち、企業選択は「本音軸」を優先、その企業から内定をもらうための「建前軸」は、内定から逆算して、徹底的に作り込むようにしてほしい。

自己分析の本当の使い方 ── 面接に持ち込む 武器はあるか？

☑POINT

自己分析は、面接で使うエピソード探し。
「根拠＝原体験」が武器になる！

次は、今さらだが自己分析の"本質"についてお伝えしよう。

一言で言うと、自己分析は「面接で使う武器（エピソード）探し」。つまるところ、「ネタ探し」と考えてもらっても良い。

就活を進める上で知っておいてほしい重要なキーワードに「原体験」という言葉がある。これは、面接官の"大好物"と言っても過言ではないくらい、人事界隈で認知されている有名な言葉。

内定率を最大化する上で、「面接官の視点を持つこと」が大事、と何度もお伝えしているが、こういった採用側で重視されている言葉を理解しておくことも戦略の1つと言えよう。

「原体験」という言葉を調べると、「その人の人格形成や行動の方向づけに、知らず知らず影響を及ぼしている幼少期の体験」といった解説が出てくるのではないだろうか？

これでは、少し分かりにくいため言葉を選ばずに言うが、要する

に「面接において、あなたの発言が嘘っぽくないと面接官に信じ込ませる『根拠』」が原体験。

時に、面接官という生き物は、就活生の発言に対して「本当かな?」と疑ってしまう習性がある。人間なのでそれはどうしようもないことではあるのだが、そんな心配性でちょっとメンヘラ彼氏みたいな面接官に、「安心」と「納得」を与えてくれるのが、原体験ということになる。

たとえば、あなたが面接官だったとして、目の前に金融業界志望の就活生が2人いたとする。2人はこんなふうに志望動機をあなたに伝えた。

◎ Aさん

「私が金融業界を志望する理由は、金融という面で人々を支えたいと思ったからです。金融というものは、人々が生活をする上で欠かせない仕組みです。そして、お金は時に、命すら救うこともあると、御社のOB訪問でお聞きしました。私は、そういった社会のインフラであり、人々の生活に深く関与している金融業界で働くことで、より多くの人に安心や価値を届けたいと強く思っています」

◎ Bさん

「私が金融業界を志望する理由は、金融という面で人々を支えたいと思ったからです。私は大学在学中に奨学金を借りる決断をしました。奨学金を借りるにあたって説明を受けている時に、『どんなに当たり前のことにもお金が必要であり、お金がなければできないことがたくさんある』とあらためて感じました。奨学金は、学びたい

人、新しいことにチャレンジしたい人を支える身近な金融の仕組み
だと思います。この奨学金を借りた経験、そして奨学金があったお
かげで今も大学に通うことができているという感謝の想いが強くあ
るからこそ、社会人になったら金融という手段を通じて、多くの人
を支えたいと考えています」

　このAさんとBさんの志望動機を聞いたあなたは、どちらに良
い評価をつけるだろうか？　ほとんどの人が、Bさんを選ぶのでは
ないだろうか。
　では、違う質問をしてみよう。どちらの話が"嘘っぽい"だろう
か？　今度は、Aさんを選んだはず。
　この違いは、いったいどこにあるのだろうか？　答えは、「根拠
＝原体験」の有無に隠されている。

　Aさんの文章は、最初にきちんと結論があるものの、それを補足
する理由の部分が、誰にでも言えるチープな文章になっている。
　一方、Bさんも同様に結論から始まるが、次にくる理由の部分は、
本人が実際に経験をした話に基づいている。
　このように、就活における面接では、実際に過去に経験した「原
体験」を根拠として伝えることで、より話に「安心」と「納得」、
「説得力」を生み出すことができるのである。
　要するに、これが、面接官から"嘘っぽい"と思われることのな
い文章の仕掛けというわけだ。

　自己分析は、面接で「〇」評価をもらうための、エピソードとい
う名の武器を増やす手段。より多くのエピソードの引き出しがあれ
ばあるほど、必然的に面接の対応力も上がっていくと思ってほしい。

「価値観」と「能力」で分けて考えてレベルアップする

> **✅ POINT**
>
> 自己分析で見つけた武器（エピソード）の役割を考えて、
> 面接を完全攻略する！

　企業はどんな就活生に内定を出すのか？　第1章でお伝えした内容を覚えているだろうか。答えは、売上・利益に長期的に貢献できる就活生である。

　では実際に、売上・利益に長期的に貢献できることを面接官に評価してもらうためには、具体的にどういったアプローチで自己分析をすると良いのか。

　私がおすすめする一番効果的な方法は、2つの切り口「価値観」と「能力」に分けて、自己分析＝自分の武器（エピソード）のネタ出しをするということ。

　面接官は、面接を通じて就活生の以下の3つのポイントを見ていると頭に入れておいてほしい。むしろ、この3つのポイントしか見ていないから、絶対に忘れてくれるな！

①企業にマッチし、長く働いてくれそうか?
（価値観の話＝志望動機）

②入社後、活躍できそうか?
（能力の話＝活躍理由）

③内定を出したらウチに来てくれそうか?
（志望度の話＝承諾率）

　第3章以降でより具体的に解説をしていくが、ここではこれらの
ポイントに基づいて、あなたが面接で見極められていることをお伝
えしておく。
　これらのポイントをきちんと押さえておくためにまず始めに行な
ってほしいのが、くどいようだが、やはり面接の武器（エピソー
ド）探しである「自己分析」なのだ。

　自分の武器（エピソード）は、自分の「価値観（志望動機）」を
表している話なのか、それとも、自分の「能力（活躍理由）」を表
している話なのか。明確に分けて考えると、より一層面接はスムー
ズに、なおかつ高評価を得ることができる。

　たとえば、私は学生時代にスポーツジムでアルバイトをしていた
のだが、この経験に基づいて考えてみると、

【価値観（志望動機）】
◎インストラクターの経験から自分のファンを作れる仕事だった。
　だから、自分が商品になる仕事がしたい。

あればあるほど有利になるエピソード 「価値観」と「能力」の使い分け方

価値観	能力
➡ 志望動機になる	➡ 活躍理由になる
過去の原体験から感情が生まれて、志望動機に派生する。	得意なことが強みとなって、活躍理由に派生する。
企業にマッチして、長く働いてくれそうか？	入社後に、活躍できそうか？

◎インストラクターとしてお客さんの体の悩みを聞くことがうまかった。だから、健康に関する仕事がしたい。

【能力（活躍理由）】

◎お客さんの知りたがっていることを自分なりに調べて提供していた。だから、相手のレベルに合わせて分かりやすく説明をすることができる。

◎年配のお客さんが多く、目上の人と話すのが得意だった。だから、仕事上の人間関係も円滑に行なうことができる。

「価値観（志望動機）」とは、過去の経験を思い返した時、どんな感情が発生したかということ。野球少年時代に、ボールやグローブ、

バットなどの野球用品をボロボロになるまで愛用していたとする。

そこで、「ここの野球用品はすごい。きっと良い企業なんだろう」と1度でも思ったならば、その価値観で野球用品メーカーの面接を受けたら非常に説得力のある、わかりやすい志望動機になる。

志望動機は、説得力がないと評価が大きく下がってしまうもの。原体験からくる価値観が垣間見えるエピソードは、リアリティがあるため、積極的に使わない手はないだろう。

「価値観（志望動機）」にしても、「能力（活躍理由）」にしても、それに結び付けられる武器（エピソード）は、あればあるほど面接において有利になる。
　ゲームで強力な武器や魔法、道具があればあるほどボスを倒しやすくなるのと同じこと。
　もしも、武器や魔法、道具がショボかったら、いくらあなたが頑張っても、ボスには到底歯が立たないだろう。

　自己分析で得た武器（エピソード）を「価値観（志望動機）」と「能力（活躍理由）」に分けることをしっかりと意識して、内定獲得というゴールへ近づくために、自己分析をレベルアップさせようじゃないか。

多面的に分解された
エピソードが強い武器になる

1つの経験から複数の武器（エピソード）を作り出す！

　就活強者は、自己分析の軸を2つに分けて逆算思考ができていると40ページでお伝えしたが、もう1つ、内定を獲りまくる就活強者には共通点がある。

　それは、エピソードの引き出しの多さ。引き出しが多ければ多いほど、面接で深掘りをされた時の対応力が向上するのだ。

　たとえば、自分の強みを「他人が気付かないような細かいところにも配慮ができ、改善ができる」と設定したとする。

　面接で苦戦する就活弱者はたいてい、この強みを表現するにあたってのエピソードを1つ、しっかり準備しておく。

　しかし、時折出現する意地悪な面接官の中には、「では、あなたの強みを表すエピソードを他にも2つ、具体的に教えてください」と深掘りをしてくる輩がいるのだ！

　多くの就活生は、1つの能力や強み、価値観を1つのエピソード

で表現してしまうため、こうした複数のエピソードを求められる
"再現性"に関する質問を苦手としている。

　一方、就活強者はこうした深掘りの質問に対しても、複数のエピ
ソードを用意しているため、しどろもどろにならずに対応ができる
というわけだ。面接における武器（エピソード）の数が圧倒的に違
うことを理解してほしい。

　では、就活強者はなぜ武器（エピソード）をたくさん持っている
のだろうか？　それは、1つの取り組み、出来事について、多面的
な視点から複数のエピソードを生み出しているから。

　たとえば、高校野球に関する取り組みについて、自己分析をして
分解、ネタ出しをする時に、就活強者は、

◎組織の中で自分の役割を全うしてチームに貢献した話
◎個人的に人一倍努力して、自分の成果を残した話
◎怪我をして、裏方に回ったことによって初めて貢献できた話
◎高校野球で学んだことを他の場面でも活かすことができた話
◎野球から得た、自分を形作る価値観の話

　といった具合に、1つの経験からでもできる限りの話題を、多面
的に、複数の視点を持って準備しているのだ。

　例に挙げた通り、1つの経験であっても、視点を変えることで大
きくイメージが変わることがわかるだろう。
「多面的に分解する」という考え方を理解し、実践、癖を付けてお

けば、自己分析がもっと有意義なものになると断言する。

　面接官は、基本的に様々な角度、視点で深掘りをしてくるものである。要するに、粗探しをしてくる。
　1度切りの自己分析、1つだけのエピソードで満足せず、つねに「この経験、前にも自己分析でエピソード出しているな。でも他にも面接で使えるネタないかな」と繰り返し突き詰めていってほしい。

　この小さな行動が1ヶ月後、2ヶ月後、3ヶ月後にまで積み重なって、少しずつライバルと差が開いていく。**武器の数の差に繋がる**のである。

　継続的に、本章でお伝えした方法で自己分析を行なって、本番の面接に臨む時にどんな角度から質問されても、また意地悪な深掘りをされたとしても、そつなく対応できうるだけの武器（エピソード）を増やすようにしてほしい。
　この行動が、必ずあなたの内定率を最大化してくれるから。

第 **3** 章

ガクチカ編
——すべらないガクチカの作り方

〰〰〰〰〰〰〰〰〰〰〰〰〰〰〰〰〰

　就活において、就活生を最も悩ませているのは、「学生時代に最も力を入れたこと」、通称「ガクチカ」文をどう作り込むか、ではないだろうか?

　とくに、「正直私は、大学時代にそこまで自慢できることをあまりしていないと思うんだけど……」といったような、ガクチカに対する自信が乏しい就活生が多いと思う。

　しかし、就活というプロセスは、「ガクチカがスゴい人選手権」ではない。例年、たいしたことをしていないと感じるガクチカや、一般的なガクチカでも、超大手難関企業から内定を獲得する人が大勢いるのだ。

　では、たいしたガクチカではないのに、内定をもらえる就活強者たちには、どのような特徴があるのか?

　本章では、その特徴と具体的な方法をお伝えしていこう。

【プロローグ】
ひぐま君のお話②

ガクチカガチ勢との仁義なき争いの幕開け!?

そもそも私は、就活生だった当時、ガクチカガチ勢ではなかった。

当時のガクチカのテーマはと言うと、少しウケが良さそうな「スポーツジムのアルバイトの話」一本勝負。というよりも、他に話すことがなかったというのが実際のところ。

野球サークルにも所属はしていたが、とくに役職もなく、めちゃゆるなサークルで、「ガクチカ」として話すことはもちろんなかった。

ちなみに、かろうじて財政学のゼミ長（じゃんけんで負けて決まっただけ）をしていたものの、大学３年の後期からゼミの先生が交換留学で渡韓してしまい、週に一度レポートを提出するだけ、という何のネタにもならないゼミだった（そもそも財政学の単位を落としていたので、面接で触れたくもなかった）。

今思えば、最大の武器だと思っていたスポーツジムの話も、周り

の就活生と比較すると、そこらじゅうにいる「塾講師」の話と何ら変わりがなかったように思う。むしろ、"誰かに何かを教えました"系のよくある類の話。

しかし、私の就活は大成功を飾ったのだ。ほとんど面接に落ちることもなく、第一志望のメガバンクから内定を獲得し、なんなく就活の幕は閉じた。

そう言えば、内定後に参加したイベントで出会った就活生たちは、みんなガクチカガチ勢。むしろバケモノ級だったのを覚えている。

体育会サッカー部出身のとある彼は、インカレ優勝の得点王。Ｊリーグからのオファーもあったけど、それを蹴って入行。学生時代は株で４年間生計を立てて学費を払いながらＢＭＷを購入していたほど。「学生時代に力を入れたこと」ばかりだ。

一方で私の同級生、ゴリラに似た堀田君はというと、可哀想なことに、顔がワイルドすぎるせいでサークルに勧誘されず、調子に乗って銀髪にしたらゼミ面接に落ちて無所属になり、バイトも顔と髪型のせいで単発派遣のみ。

しかし、"なんとなく"始めた「ボランティア」経験だけで、内定をしっかり獲得したのだ。

それで、私は確信した。就活は、どんなスゴい経歴を持っているのか、という勝負ではないということ。就活は、「ガクチカがスゴい人選手権」ではないということを。

ガクチカで「学生時代に頑張ったこと」は見られていない!?

☑POINT
ガクチカは取り組みを通じて生まれた「成果・実績」と、そこに辿り着くまでの「プロセス」を確認している!

そもそも「ガクチカ」の話で、面接官は何を見て、どんなことを判断しているのか?

できることなら、面接官側の視点を十分に理解した上で、ガクチカの作り込みをしたいだろう。

結論から言えば、ガクチカは「成果・実績」×「思考力・言語化力」×「行動特性」×「(対応力)」、これら要素の掛け算で成り立っていて、面接官はこれら要素をチェックしていると考えてほしい。

つまり、これら要素と公式を理解した上で、戦略的にガクチカを作り込んで対策をすれば、内定率が大きく上がるというわけだ。

それでは、それぞれの要素について、具体的に解説していこう。

◎成果・実績

面接官は、学生時代に力を入れたことを通じて生み出された「成

果・実績」そのものに対して、まずは点数をつけていく。

　なぜなら、採用における面接は「絶対評価」ではなく「相対評価」であり、「他者との比較」の中で順位付けを行なう必要があるから。

　つまり、きちんと努力し、秀でた成果・実績を残した就活生（ガクチカガチ勢）は、**必ず適正な評価を受ける**ことになる。

　これはいたって当たり前のことだと言えるだろう。こうした就活生は仕事に置き換えても輝かしい成果を残せる可能性が高く、企業側も優先的に採用したいと思う層となる。

　ここでお伝えしたい重要なことは、こういった層はほんの一握りであり、**決して「成果・実績」のみで評価はしていない**という点。

　現実的に考えて、もしもハイレベルなガクチカガチ勢のみだけを採用しようと思ったなら、採用計画そのものが破綻してしまう。
　要するに、こんな**優秀な人**は、そこらへんに転がっていないという話だ。

　そこで企業は、次のステップとして「ガクチカは平凡だけど、優秀な雰囲気が出ている層」の採用を目指すことになる。
　そのために、掛け算の残りの部分「『思考力・言語化力』×『行動特性』×『(対応力)』」が必要となるわけだ。

　次のページでは、「思考力・言語化力」について、詳しく解説していこう。

ガクチカは「承」と「転」で勝負する

社会人として活躍するために必要な能力があることを、徹底的にアピールしよう！

　思考力は「考える力」であり、言語化力は「伝える力」のこと。また、ガクチカは、自分の経験を通じて「自分の考えたことを面接官にわかりやすく伝える」という作業であることを、まず頭に入れて読み進めてほしい。

①思考力

　ガクチカの内容は、主に「何かしらの課題設定」と「課題に対するアプローチ」で構成されているはず。さらに分解すると、「起承転結」に基づいた話の流れとなっていることが多い。

◎起「成果と実績（結論）」
◎承「成果に至るまでの問題の発生と課題設定」
◎転「課題解決へのアプローチ」
◎結「成果詳細と現状」

この「承」と「転」の部分にこそ「思考力」が詰まっていると思ってほしい。

つまり、「成果・実績」を出す、達成するために、何を原因・課題と捉え、その解決のために「具体的にどんなアプローチをしたのか？」という「プロセスの妥当性」を見ることで、面接官は「思考力」を確認しているのだ。

これは、仕事に置き換えれば、「顧客の課題を正しく把握し、その課題に対して妥当性を持ってアプローチできるかどうか？」と同等の評価になり得る。

つまり、就職後に必ず求められる、企業で活躍するための要素が「思考力」というわけ。

たとえば、A君が「部活動のリーグで、2部から1部昇格の達成を経験しました。当初の課題はチームのモチベーションの向上でした。そこで私は1人1人の部員と対話し、鼓舞することで、モチベーションの改善に至りました。そして、10年ぶりの1部昇格に貢献することができました」と話をしたとする。

この時の面接官の視点としては、「そもそも本気で1部昇格を目指すチームなら、部員はそれなりにモチベーションが高いんじゃないの？」「モチベーションの高い・低いって何が基準なの？」など、話そのものの妥当性に納得を感じることできていない。

つまり、「思考力」について、良い評価ができないのだ。

一方のB君は、「部活動のリーグで2部から1部昇格のために、分析班という役割で貢献しました。前年度、入れ替え戦で破れてし

まった悔しい経験から、競争相手はつねに1部のチームと考え、分析をしていきました。そこで見つけた課題は『フィジカル』と『セットプレー』の2つにあると考えました。『フィジカル』については各選手のデータを週毎で更新して、1部チームとの体重差と30m走タイムの差を縮める取り組みを行ないました。『セットプレー』については、積極的にOBに声を掛け、外部コーチとして指導をお願いしていただくよう働きかけまたした」という話をしたとする。

　A君とB君を比べると、言うまでもなく、B君のほうが、課題設定や課題に対するアプローチに妥当性を感じられ、取り組みのプロセスにおいても納得感があるのではないだろうか？
　課題設定と課題に対するアプローチ、そして話そのものに対する妥当性、この2つの要素こそが、ガクチカ、ひいては面接における「思考力」の現れなのである。

②言語化力

　就活においては、つねに「あなたの経験は、面接官にとって未経験」という状況で面接が進んでいく。
　つまり、自分の経験をどこまでわかりやすく、解像度高く、価値を感じさせながら、頭の中で想像してもらえるのか？　という視点で、言語化することが非常に重要となる。

　ここまでお伝えしてきた通り、「思考力・言語化力」というのは、どちらも社会人として活躍する上で、基本的な能力であり、就活においても高く評価される要素となるのだ。

面接官が求める要素に ズレなく回答する能力とは？

あなたの強みは、社会で活躍できる強みか？

ここでは、「行動特性」と「（対応力）」について解説する。

◎行動特性

行動特性は、別名「コンピテンシー」と呼ばれ、個人の持つ「行動パターン」や「思考の傾向」という意味で使われる。

就活においては、その就活生の持つ"強み"や"性格"のことと理解しておくと、わかりやすいかもしれない。

面接ではこの行動特性についてもチェックされ、評価対象になっている。

つまり、社会で活躍する上で求められる「行動特性＝強み」を、目の前の就活生は保有しているか？　という視点で、面接官はつねにあなたを見ているのだ（65ページでさらに詳しく解説する）。

◎対応力

この「対応力」を、公式の中であえて「（対応力）」と示していた

のは、面接におけるガクチカの"深掘り"を通じて、初めて評価を受けることができる要素であるから。

　面接官は様々な角度で就活生のガクチカについて深掘りをする。それは、先ほどの「行動特性」をチェックするため、話そのものの綻びや、話の妥当性の欠如、粗探しのために深掘りをしていると考えてほしい。

　この時、面接官が求める要素を、面接官の立場で考え、ズレなく回答する能力が必要となることは、言うまでもないだろう。
　仕事に置き換えるのであれば、顧客の質問に対して、顧客の立場で考え、顧客の求める要素とズレることなく回答する力が必要という、単純な話である。

　この能力は、昨日今日の付け焼き刃的な面接練習では絶対に身に付くものではない。しかし、本書を読んでこの重要性を理解して、日々練習を積み重ねれば、必ず磨くことができる能力である。

　ここまでをまとめると、ガクチカとは、58ページからお伝えしてきた4つの要素の掛け算「『成果・実績』×『思考力・言語化力』×『行動特性』×『（対応力）』」をチェックして、あなたの「成果・実績」とそこに辿り着く「プロセス」を確認するために、面接で聞かれるエピソードの1つというわけである。

　次のページからは、そんな意味を持つガクチカを、より良い内容にするための方法をお伝えしていこう。

ほとんどの就活生が知らない「再現性」というテクニック

あなたの行動特性は、企業が求める行動特性と一致しているか？

　63ページでは、「行動特性＝強み」であると説明したが、ここでは「再現性」と絡めて、より具体的に行動特性の重要性について解説していく。

　前提として、企業は「長期的に活躍できる」就活生を採用したいと考えている。この"活躍"という点において、「行動特性」と「再現性」が重要な鍵を握っていると考えてほしい。それでは、順番にそれぞれ解説していこう。

◎行動特性
　就活における行動特性とは、「就活生の持つ"強み"や"性格"」のことであり、社会で活躍する上で求められる強みを、目の前の就活生は保有しているか？　という視点で、面接官はあなたを見ている、とお伝えした。

　「社会で活躍する上で求められる」というのは、企業や入社後に携

わるであろう仕事によってかなり異なってくるもの。

　そのため、**企業が面接の設計をする工程を理解すると**、自分に求められているガクチカがイメージしやすくなるのだ。

　繰り返しになるが、企業は面接を設計する時に、「**どうやったら社内で活躍する人を限られた質問を通じてチェックできるか？**」と考えている。

　その前提のもと、まずは**社内で実際に活躍している人の定義や要素を分解している**のだ。

　たとえば、社内で活躍する人は、他の人と比べて、どんな能力に秀でているのか？　という疑問から、**リーダシップ、論理的思考力、学習・改善スピード、目標達成欲求の高さ**など、様々な行動特性を抽出し、優先順位をつけていく。

　そうして「うちの会社で活躍している人ってこんな行動特性が高い傾向にあるね。じゃあ、その行動特性をチェックするために、評価項目や質問項目を作成して、就活生の回答レベルがわかるよう、評価基準も作成しよう。よし、これでこれから活躍できる人をチェックするための面接ができるぞ！　これを各面接官に共有だ！」と面接が設計、共有されていくのである。

　行動特性がどのような意図と経緯で評価されているのか、という話はここまでで十分にわかっていただけたのではないだろうか？　そして、それを攻略するのが次の「再現性」というわけである。

◎**再現性**

　就活における「再現性」とは、自分の行動特性（＝強み）を1

つの場面だけでなく、様々な場面で発揮できる可能性の高さを示すということ。

たとえば、就活生A君の強みが「リーダーシップ」だとする。その根拠を尋ねた時に、「小学校の時に学級委員だった」と答える。しかし、続けて「それ以外にはないよ！　その一度きりだよ！」と答えた場合、果たして再現性は感じられるだろうか？

一方、B君は「小学校の学級委員に始まり、中学校、高校、大学、バイト先などでリーダーとして周りをまとめてきた」と説明したら、どうだろうか？　行動特性（＝強み）が複数の場面で発揮できているということで、話の信頼性が格段にアップするのだ。

最後に、就活においては「逆算思考」を意識することも大切。
つまり、企業がどんな行動特性を持つ就活生を求めているかを想像し（可能であればOB訪問などで確認する）、その行動特性を自身のアピールポイントにしてガクチカを作成してほしい。

そして、「再現性」を示すために、複数のガクチカエピソードを用意する。
「私の強みは○○です。この強みは様々な場面で発揮されていて、再現性が高いです。御社で求められる強みは同様のものだと理解しています。御社で活躍する可能性が高い私を採用してください」
といった具合に、「行動特性」「再現性」、そして「逆算思考」を盛り込んで、どんどん自己アピールしていこう。

量産される副代表問題 ── 盛ったガクチカはバレないのか？

✓POINT
徹底的に話を作り込めることができれば、それはそれで才能と思え！

　前ページの最後に、「『行動特性』『再現性』、そして『逆算思考』を盛り込んで、どんどん自己アピールしていこう」と述べたが、あなたは、ガクチカを盛っているだろうか？

　ドキっとした就活生がほとんどだと思う。私も就活生だった時は少なからず話を盛っていたし、面接官側になった時にも、「多少盛っているよな（笑）」くらいのスタンスで面接に臨んでいたからだ。

　この手の話でよくある一例は、「副代表多すぎ問題」。
　例年、面接や相談に来る就活生のガクチカを見ていると、統計的に世の中の就活生の90％くらいが「副代表」か「副キャプテン」か「副ゼミ長」ではないかと感じるほど、みんなどこかで「副○○」を経験しているのだ。

　どうして、わざわざ「副」とつけるのか？　理由は定かではないが、それが一番本当っぽく感じるから、なのであろう。

「代表」や「キャプテン」、「ゼミ長」とすると、なんとなく自分を良く見せるために、話を盛っているのではないか？　と思われてしまうかも、と就活生は裏を読むのだ。

　ただ、1つだけお伝えしておく。その点に関して面接官側は、全然、全く、何も気にしていないのが現実。
　重要なのは、もしも話が嘘だったり、盛っていたとしても、面接官側がそれに気付かずに、納得したら、それはそれである意味面接の場では「真実」になるというわけ。

　ここで最も重要なのは、「徹底的に準備する」という点に他ならない。
　就活生の中には、平然と嘘をついたり、得意満面で話を盛ったりしても、うまく面接を乗り越えて、第一志望から内定を獲得できる就活強者がいるのも事実。

　途中でボロがでてバレてしまったり（面接官はあえて言ったりしないが……）、あまりに納得感がなさすぎて、信用ゼロ。その結果、見送りになってしまう就活弱者も大勢いる。

　こうした差は事前の「準備の差」としか言いようがない。内定率を最大化させるには、この「準備」が非常に大切なのだ。

　この「準備」については、次のページからお伝えする「きっかけ／動機」「実行と具体的エピソード」「振り返りと改善」を必ず参考にしてほしい。

納得感を与えるための3つの準備ポイント

☑ **POINT**
具体的なエピソードの引き出しを、大量に作るべし！

たとえば、「サークルで『副代表』を任されて、サークルの出席率が上がる対策を行なった」という話から紐解いてみよう。

◎きっかけ／動機

一言で言えば、「なぜ始めたか？」ということ。ガクチカの全体像は、「就活生の成功体験」であり「エピソードトーク」でもある。

そのため、そのエピソードについては、必ず明確に"始まり"から語れるようにしてほしい。

今回であれば、「そもそもなぜ『副代表』に選ばれたのか？」という話が、始まりとなるはず。一例を挙げてみよう。

「私は他薦で選ばれたのですが、副代表に選ばれた理由は、自分の出席率の高さに加えてサークルでの立ち位置によるものだと思います。立ち位置で言えば、私はよく人柄が穏やかで、話かけやすいと言われます。サークル内でも、困っていることや、たわいもないこ

とまで、相談を受けることがありました。そうしたキャラクターであるため、代表として引っ張るというよりも、全体の意見や悩み、困っていること、お願いしたいことの窓口になってみんなをサポートする副代表に選ばれたのだと考えています」

◎実行と具体的エピソード

これは、「実際にどんな取り組みをしたのか？　具体的に教えて」ということ。

これは多くの就活生が一番重点的に準備している部分であるとは思うが、これでもかと言うくらい細分化したエピソードを１つ準備しておくと、より話に納得感が生まれるのでおすすめしたい。

「私は副代表になって、各学年男女１人ずつ『スピーカー』というポジションの人を作りました。この人たちの役割は、『どんな些細<ruby>些細<rt>ささい</rt></ruby>なことでも困っていることがあれば、まとめて私に伝える』というものです。私自身が入学して間もない頃、なかなかサークルに顔を出せない時期があり、誰にどう相談したら良いのかわからなかった経験がありました。しっかりと仕組みにしたほうがみんな相談しやすいのではないかと思ったため、こうした取り組みをしました」

このエピソードに対して、面接官が「その役割を作って良かったと思った具体的なエピソードはある？」と深掘りをしてきたとする。

「あります。実際に私と同様にサークルに顔を出せなくなった後輩がいて、『スピーカー』を通して聞いてみたところ、塾講師のアルバイトが曜日固定で、ちょうどサークル活動日に被ってしまっていたことが原因のようでした。そこで、メンバーと相談の上、曜日を

固定していたサークル活動を、第4週目だけ変えて、彼が参加できるように働きかけました。彼も気軽に顔を出してくれるようになって本当に良かったと感じています」

◎振り返りと改善

　最後に、ここまで話してきたエピソードに対して、「その取り組みを振り返って、改善点は見出せたのか？」という話が求められる。

　就活生は、ガクチカで「こんな感じにうまくいきました！」と話をまとめがち。その後の振り返りのエピソードを準備していないことが散見される。

「この取り組みに改善点を挙げるとすれば、『スピーカー』も他薦で決定するべきだったという点です。上下関係はもとより、年齢や男女差によって考え方にズレが生まれてしまうこともありました。後輩には、一番相談しやすい人、信用できそうな人を他薦で選ぶと良いんじゃないかと、伝えています」

　いかがだろうか？　これらのエピソードは、私が想像でせいぜい10分くらいで作ったものにしか過ぎないが、妙に話に納得感を感じられたのではないだろうか？

　これは、抽象的でふわっとしたものでなく、「きっかけ／動機」「実行と具体的エピソード」「振り返りと改善」を通じて、エピソードの引き出しを複数持っていたからに他ならない。

　これら3つの視点で、深掘り対策としてのエピソードを作ってみてほしい。多少、嘘をついて、盛っても構わないだろう。

ガクチカは
「バカ発見器」として機能する

　就活生から相談を受けたり、面接官をしてきた中で感じていることがある。口ぎたなく言えば、ガクチカは「バカ発見器」でもあるということ。たまに見かけるガクチカにこんなのがある。

　「私は、大手チェーンのカフェで3年間アルバイトをしていますが、店舗の売上30％アップに貢献しました。私の勤めているカフェでは、アルバイトのモチベーション低下が問題となっており、私はお店に貢献したいとの想いから、全てのアルバイトの人たちと月に一度の1on1ミーティングを行なうことにしました。対話の中で、みんなのモチベーションを上げることができ、結果的に売上を30%上昇させました！」

　この文章を読んで、あなたはどう思っただろうか？「えぇ……、嘘やん……」、これが本音ではないだろうか？　しかし、本人は、本気で内定をもらうためにこれで勝負しているのだ。

「チェーンのカフェは本部の指示で仕組み化されているから、内部のオペレーションだけで、売上は早々変わらんやろ……」
「バイトのやる気だけで売上が30％上がるサービスなんてネズミ講くらいやろ……」
「そもそもやる気のあるバイトなんていないし、同じバイトに急にミーティングとかされたら、気持ち悪いやろ……」

　と99.9％の面接官が思うのだが、就活生の中にはこうした「自分のことを客観的に見ることのできない人」が一定数いるのだ。

　就活において「客観的に見る」というのは、「面接官の視点から考える」とほぼ同義であり、非常に重要なこと。
「納得感のある話ができているか？」「面接官を説得させられるか？」というふうに、周りの人にもお願いをして、内容の「整合性」を突き詰める機会をとにかく作ってほしい。

　話に整合性がなく、納得感も説得力もないというのは、つまり、面接官側の評価においては、社会で活躍する上で重要な「思考力・言語化力」の低さを指摘される可能性が高くなるのだ。

　就活は、決して1人の力だけで成し遂げるものではない。
　自分1人の力で足りないのであれば、友人に頭を下げてでも自分のガクチカを客観的に見てもらおう。

　突っ込みどころがあれば忖度<rt>そんたく</rt>なく指摘してもらう。それを繰り返し行ない、話の整合性を向上させて、面接官が納得する文章を作り込むようにしよう。

最強のガクチカは 5つの項目で作られる

☑POINT

ガクチカは「起承転結」を意識して、
とにかくわかりやすさを追求する！

　ガクチカに必要な要素がわかったら、次はガクチカの書き方について具体的に解説していこう。まずは次のページにある例文を読んでみてほしい。

　これは、私が就活生の時に実際に使っていたガクチカ文を、のちに面接官としての視点も加えてブラッシュアップしたものである。
　次に記載した通り、主に5つの項目から成り立っている。

◎起「結果・成果」
◎承「現状・課題」
◎転「課題解決・実行」
◎結「結果・成果の詳細」
◎蛇足「学び」

　77ページから詳しい内容を解説しよう。

起「結論・成果」

私が学生時代に頑張ったことは、「スポーツインストラクターのアルバイトでレッスン集客数を3倍に増やしたこと」です。

承「現状・課題」

この成果を上げるにあたっての経緯をお話しすると、当初、新米インストラクターということもあって、全く固定客を掴めずにいました。
実際、私が担当になるまでは、集客数が20人程度のレッスンでしたが、私が担当になった途端に、およそ半分の10人程度にまで、集客数が落ち込んでしまいました。

転「課題解決・実行」

この課題に対して、私は2つの改善策を検討し、積極的にチャレンジしていきました。

1つ目は「認知度向上」です。
私は、集客のためには、まず自分の存在を知ってもらう必要があると考え、1日あたり15人の声掛けノルマを自ら設定し、自分を知ってもらう努力をしました。

2つ目は「質の改善」です。
良いレッスンには、必然的にリピーターが増えていくものだと考え、最も人気のあるインストラクターのレッスンに自ら参加し、良い部分をマネする工夫をしました。

結「結果・成果の詳細」

これら2つの取り組みの結果、集客数10人程度だったのが半年かけて40人を超えるまでになりました。

蛇足「学び」

この経験から、創意工夫を凝らして成果を上げること、自分のファンを作る楽しさを学びました。

ガクチカの美しい作り方

☑POINT
ガクチカに求められていることを思い出して、
徹底的にブラッシュアップしよう!

　ここからは、5つの項目について、それぞれポイントを押さえて
詳しく解説していく。

◎起「結果・成果」
　ここで大切なのは、結論として「力を入れたこと」「頑張ったこ
と」ではなく、「結果・成果」まできちんと入れること。

　たとえば、「私が頑張ったことは、回線営業のアルバイトです。
取り組みとしては〜」と言うのと、「私が頑張ったことは、回線営
業のアルバイトです。そこで営業所内2位を獲得しました。取り組
みとしては〜」では、どちらのほうが聞き入ってしまうだろうか?

　ほとんどの人が、後者のほうが最初から熱量を持って聞き入るの
ではないだろうか?
　また、最初に結果・成果があったほうが、エピソードがイメージ

しやすくなるという効果もあるだろう。

◎承「現状・課題」

　ここは、現状分析からの課題設定に整合性がしっかりあるかを客観的にチェックしてほしい。

　最初に提示した結論・成果に対して、「客観的に見て納得感のある課題設定かどうか？」ということ。

　73ページで出した例文のような、カフェの売上が減少→課題はアルバイトのモチベーション低下、という納得感に欠ける課題設定では、エピソードそのものが嘘だと思われてしまいかねない。

◎転「課題解決・実行」

　ここでは2つ、押さえておきたいポイントがある。

　①文章構造を縦に展開する（ナンバリング）

「そして」「さらに」「加えて」のような、接続詞を使って文章を横に展開するのではなく、「○○は2つあります。1つ目は△△、2つ目は□□」と縦に展開していくということ。

　つまり、ナンバリングを用いて文章を作るのである。

　本書のように、文章ベースであれば、接続詞を頻出させてもわかりやすいかもしれない。

　しかし、実際の面接で言葉（音）として聞くと、「この課題に対して、『まず』○○の取り組みをし、『さらに』△△を行ない、『加えて』□□をしました」と話をされたら、面接官も「何個あんねん！」とツッコミたくもなるし、うんざりしてしまうだろう。

　そもそも、聞いている側はメモを取りにくくて仕方ない。就活は社会人のプレデビュー戦のようなもの。**ビジネスの世界では接続詞の多用よりも、ナンバリングのほうが断然好まれるのだ。**

　社会人である面接官が読みやすい、聞きやすい文章構造を意識してほしい。

②抽象と具体

　取り組みについて、"いきなり"かつ"具体的に"語り始めるよりも、最初に抽象的なメッセージを一言入れたほうが、面接官がイメージしやすくなる場合がある。

　たとえば、サークルの部員数を増やすにあたっての取り組みについて、「SNSを活用して〜」と話し始めても、SNS世代ではないオジサン面接官はイメージできないかもしれない。

　そのため、抽象と具体を意識して、世代や性別関係なく「共通言語」を用いてわかりやすく話すことを意識してほしい。

　「新入生が自分たちのサークルを見つけてくれるように、流入経路を増やしました（抽象的だけどオジサンでもわかる文章）。とくに、学生がコミュニケーションツールとして活用することの多い、Instagramを使って（具体的な文章）〜」といったように、**抽象的な共通言語でイメージしやすくなる状態を作ってから、具体的な内容を入れたほうが、より面接官の頭に入りやすくなるのだ。**

◎結「結果・成果の詳細」

　ここで大切なのは、「絶対値や倍数」「過去比較」を用いて、より

結果・成果をイメージしやすくすること。

　たとえば、よくある「○○の結果として、サークルの人数が 1.5 倍になりました」という話。
「もともと何人だったのが 1.5 倍に増えたのか？」という情報がないと、それがスゴいのかスゴくないのか、正直ピンとこないだろう。

「30 人程度のサークルでしたが、勧誘がうまくいって現在は 47 名に。約 1.5 倍の規模のサークルになりました」というように、面接官が頭の中で想像できるように、情報を整理・追加してもらいたい。

◎蛇足「学び」
　この項目については、正直なところ、あってもなくても良いとは思っている。これは、ES における文字数の調整などで使うと良いかもしれない。

　よく就活生から、「ガクチカの最後に学びを入れたほうが良いですか？」と聞かれるが、私はとくに必要ないと思っている。
　そもそもの質問が、「学生時代に最も力を入れたこと」であって、「学生時代に最も力を入れたことと、そこから学んだこと」ではない。

　その一方で、ES 上で最後の結びに学びを入れるのが一般化しているのもの事実。そのため、文字数を調整する程度として考えておくのがちょうど良いだろう。

　以上、お伝えしてきた 5 つのポイントを意識して、ぜひ自分のガクチカをブラッシュアップしてみてほしい。

ガクチカはどんぐりの背比べ —— 内容よりも大切なのは 「言語化力」

☑POINT

いさぎよく自分のガクチカは「スゴくない」と認めて、他の武器を作るのが内定への近道!

　最後に、「自分のガクチカがたいしたことないのを早く認めて、弱者なりの戦い方に切り替えようぜ!」という話をしたい。

　これを話すにあたって、『ドラゴン桜』(三田紀房／講談社)という漫画に、次のようなセリフがあったのを思い出した。

「バカとブスこそ東大に行け!」

　今だと炎上しそうな言葉であるが、本質は「自分の弱点を認め、補って余りある強みを持てば良い」というもの。
　就活生も同じ。「ガクチカ弱者こそ言語化を磨け!」なのだ。

　就活は、ほぼ同じようなたいしたことのないガクチカを話していても「受かる人」と「落ちる人」に分かれる、残酷なゲームである。

「受かる人」は、「ありがちなガクチカだけど、人物面の印象が良い。話し方もわかりやすくて論理的。目立ったスゴい話はないけど仕事では活躍してくれるかも！」と思わせることができた人。

一方で「落ちる人」は、「ありきたりなガクチカだし、印象も暗い。話もわかりにくくて思考力も低そう。ちょっとお客さんの前に出すのはキツイかもな……」となる人。

安心してほしい。この差は、就活というゲームにおいて「行動力＝練習量」でカバーすることができる。

実際に、私が見てきた就活生も、最初は面接が苦手で、たいしたガクチカもなくて……、と言う人が大勢いた。

しかし、模擬面接などで"とにかく"練習をする。友人やOB、両親に手伝ってもらって、ガクチカ、志望動機を日々ブラッシュアップする。改善した内容をあらためて練習する——。

こうして"とにかく"行動（練習）して、超大手難関企業から内定を獲得した人も大勢いる。

彼らは、行動（練習）の中で「言語化力」や「面接力」を鍛え上げた。ただそれだけのことなのだ。

最後に、面接官の本音を言わせていただく。「正直、スゴいガクチカなんて求めていない。それ以上に社会で活躍してくれそうな期待のある人を採用したい」、多くの面接官がそう考えているはず。

ガクチカに自信がない人こそ、気持ちを切り替えて、就活に臨んでもらいたい。

第**4**章

志望動機・企業研究編
──就活強者は志望動機で差をつける!

ガクチカに並び、志望動機についても苦手意識を持っている就活生が多い。ただ、ガクチカについては、だいたいどこの企業を受けても似たような話をするため、就活が進むにつれて精度が上がっていくもの。

一方、志望動機は企業ごとに調べて、作成して、を繰り返すため、一つ一つ、毎回十分な時間を割くことができない。

多くの就活生が同じような状況だからこそ、志望動機の作り込みが、ライバルと差をつける要素であると考えている。

ここではライバルと差をつけるために、志望動機の考え方から、作り方までを徹底的に解説していく。

【プロローグ】
ひぐま君のお話③

ここでも、私が就活生だった頃の話から始めよう。もちろん、私が就活生だった時は、今のように「志望動機の作り方」などの情報は、ほとんど出回っていなかった。

そのため、適当に手に取った就活本や、そこらへんのインターネットの情報を片っ端から読み漁り、気が付けば「私が日本の金融を担いたい！」という志望動機が完成していた。

大学を休みすぎて「簿記」の単位すら落とした人間とは思えない、周囲を圧倒するほどのビックな男の志望動機で就活に挑もうとしていたのだ。もう一度言おう、簿記すらわからない男なのに、にもかかわらずだ。

そして、気分だけは日本金融の担い手らしく、意気揚々と、第一志望である某メガバンクの面接に臨んだのだが、

結果は……、もちろんフルボッコ。

しかし、運良く「キャラクターは悪くない」との評価で、ギリギリ首の皮一枚繋がり、生かされることに。

この時に担当してくれたリクルーターから、2つのアドバイスを受けたことで、私の就活はそれ以降、無双状態に突入したのだ。その2つのアドバイスを包み隠さずお伝えしよう。

1つ目は、「とにかく一貫性を出せ」という話。
2つ目は、「自分の強みをどう仕事に活かすか考えろ」という話。

面接中に言われた言葉で、今でも鮮明に覚えているものがいくつかある。

「お前みたいなレベルで、日本の金融担えるわけないだろ。そういうのは東大の仕事や。それよりももっと、こう、身近にお金に悩んだことないのか？」

「なんだ、お前の実家、蕎麦屋で潰れてるんか？　ええやん！　ん、良くはないか（笑）。でも、その時お金に不安感じたやろ？」

「その経験から、金融業界でできること考えてみ」

「あと、お前何が得意なん？　それをどう銀行の仕事で活かすか考えてみ」

「てか、銀行の仕事よくわかってないんか。教えてやるよ」

　怒涛の勢いで投げかけられた言葉の数々だったが、これらが全て
ヒントとなり、志望動機の土台となり、「一貫性」や「強みをどう
活かすか？」の２つの視点に注目することができるようになった
のだ。
　他に受けている企業でも、この視点で志望動機を考えて落とし込
んでいったところ、驚くほど就活がうまくいくようになった。

　月日が経ち、実際に自分が面接官や採用を設計する側にまわった
際にも、先ほどのアドバイスは非常に的を射ていたと、あらためて
強く実感している。

　今の私があるのも、そして本書を書くことになったのも、あの時
の面接官がアドバイスをしてくれたおかげかもしれないと思う。

　そんな私にアツくアドバイスをして、銀行業務の良さを語ってく
れた彼も、私が入社する頃にはすでに銀行を辞めてしまっていたの
は、また別のお話である。

志望動機は「一貫性」と「論理性」が全て

☑POINT
志望動機は過去から始めるストーリー!

　私が実際に某メガバンクで面接官をしている時に、19ページでもお伝えした通り、評価項目に「志望動機」の欄があった。

　そこで、面接官が見ていた要素は「一貫性」と「論理性」。

　具体的には、まずは「金融業界の仕組み」。そもそも銀行の仕組みを理解して志望しているのか?　というのが大前提。
　その前提の上で、志望動機に「原体験」のエピソードが盛り込まれ、一貫性を持って、論理的に、熱量を持って話すことができているか?　という視点でジャッジがされていたのだ。

　ここからは、評価のポイントである「一貫性」と「論理性」についてそれぞれ分けて解説していこう。

◎一貫性
　志望動機における「一貫性」とは、「過去(原体験)→長期的未

来（将来達成したい目標）→短期的未来（目標を達成するための企業選択）」が語れるかどうか、ということ。

参考までに、過去に株式会社バンダイナムコホールディングスから内定をもらった就活生の志望動機の例で説明をしていこう（彼の話を聞きながら私が一緒に作ったものである）。

◎過去（原体験）
「私は地方出身で、高校生までその地域でもかなり不便なところに住んでいました。そのため、小学生や中学生の時に、学校の友達が当たり前のように通っている塾などに通わせてもらえませんでした。この経験は、教育格差が生まれる要因となる話かもしれませんが、それ以上に、友達と仲良くしたかったという、コミュニケーションの場としての憧れのほうが強くあったと思います」

◎長期的未来（将来達成したい目標）
「この経験から、生まれた地域や住んでいる地域によって、子供たちの教育やコミュニケーションの格差をなくすことができたら良いな、そんな仕事がしたいな、と思いました。きっと、私のような子供が日本や世界中にいて、寂しい思いをしているのではないか、と考えると、すごく悲しく、もったいないことだと思いました」

◎短期的未来（目標を達成するための企業選択）
「この私の将来の夢や目標を達成する手段が、御社にはあると説明会で感じました。御社では現在、VR、ARを用いた様々なサービスやゲーム開発に力を入れているとお聞きしました。この技術の話を聞いた時に、VR、ARを用いることで地域による格差をなくすこ

一貫性のある志望動機の作り方

過去（原体験）

自分は過去に○○の経験をしている。

長期的未来（将来達成したい目標）

○○の経験があるからこそ、将来は●●したい。

短期的未来（目標を達成するための企業選択）

自分の●●の目標を達成するための「手段」として、御社の△△が一番だと考えている。

とができる、そんな社会を作るチャンスがあるのではないかと思い、御社を志望しました」

　といったような志望動機を作り込んだところ、見事内定。
　一貫性とは、「過去（原体験）→長期的未来（将来達成したい目標）→短期的未来（目標を達成するための企業選択）」であり、このストーリーを作り込むことで、納得感のある良い志望動機となるというわけである。

納得感を与える志望動機で 内定に近づく！

　続いて、志望動機の評価のポイントである「一貫性」と「論理性」の「論理性」の部分について、詳しく解説していく。

◎論理性

　志望動機における「論理性」とは、そのままの意味で「論理的に志望動機を語る」ということ。

　具体的には、面接官からの深掘り質問などに対して、論理的に答え、相手を納得させることができるかどうか、ということになる。

　たとえば、銀行志望の就活生が「顧客の課題解決がしたい！」という話を志望動機でした時に、面接官から「それってコンサルでもできない？」と突っ込まれたとする。

　そこで次のような返し方ができたとしたら、どうだろうか？

「もちろん顧客の課題解決であれば、コンサルでも可能だと思います。ただ、私がコンサルではなく銀行を志望する理由は2つありま

す」と前置きをする。続けて、

「1つ目は、銀行だからこそできる『金融』の面、つまりお金を融通することです。たとえば、顧客が課題解決に対して新しい取り組みをする必要があり、そこにお金も必要になる、となれば銀行では金融の面から支援ができると思いました。私自身、奨学金を借りて大学に通っていることから、どんなチャレンジにも、お金が必要だと感じています。だからこそ、顧客の課題解決に留まらず、金融面のサポートもできる銀行により魅力を感じています」

「2つ目は、『付き合い』の長さです。コンサルでは、基本的には、契約期間中の付き合いとサポートになります。一方、銀行は口座がある限り、期限のない長期的なサポートができるとOB訪問で○○さんにお聞きしました。私は、これまでの人間関係で、信頼というのは一度築いたら長期的に続けたほうが良いと考えています。また、長期的な関係だからこそ、悩み、課題が出た時には、気軽に相談していただけるパートナーでもありたいと思っています」

「以上2つの理由で、『金融』と長期的な『付き合い』ができる御社（銀行）を、志望しています」

　と、答えることができれば内定にグッと近付くことができる。
　業界・企業の特徴、できること・できないこと、強み・弱み、様々な視点を用いて論理的に（今回の場合はコンサルではなく、なぜ銀行なのか？）、詰将棋のように、志望動機に納得感を持たせることが大切なのだ。

9割の就活生が陥る 「御社に入りたい系」志望動機

　志望動機の評価のポイントである「一貫性」と「論理性」を押さえていても、見送りとなる就活生（落ちる人）の特徴はいくつか挙げられる。

　その1つに、「企業のファン」という属性がある。要するに、面接の中で企業の良さ、サービスの良さ、商品の良さ、働く人の良さをものすごい熱量で語る就活生のこと。

　とくに多いのは、toCのメーカーを志望する就活生。昔から使っている商品、思い入れのある商品、自分に何かきっかけを与えてくれた商品など、様々な角度でその会社の商品と自分との接点を、アツく語るのだ。

　断言するが、こうした就活生は、就活を勘違いしている。よって、面接で見送りになることが非常に多い。

第1章から口を酸っぱくしてお伝えしているように、企業の採用活動は「投資」であり、「企業で長く活躍できる人」が採用のターゲットとなる。

決して、「企業・サービス・商品の熱烈なファン」を採用したいわけではない。「企業に売上・利益を生み出してくれる人」を採用したいのだ。

つまるところ、ファンは、これからもファンとして、企業にお金を落としてくれればそれで良いのだ。お金を産む側、お金を落とす側の差が、就活で受かる人、落ちる人側の差になるというわけである。

では、ここで言う、受かる人、落ちる人の差には、具体的に何があるのだろうか？

その答えは、「活躍、貢献できる理由を、しっかり準備していて、言語化できているかどうか」の差である。

志望動機において、多くの就活生は「ファンだから御社に入りたい」という内容で勝負するだろう。

しかし、受かる人は「ファンだから御社に入りたい。かつ、こんな理由があるから、御社で活躍、貢献できる」までを話すことができるのだ。

この明確な違いを生み出すための具体的な方法については、次のページから解説していく。

志望動機は
「入りたい理由」ではない

☑ **POINT**
受かる志望動機には、必ず「活躍理由」がある!

　まずは、「入りたい理由」と「活躍できる理由」の両方がある志望動機を見ていこう。

　次の志望動機は、ディズニーランドを運営するオリエンタルランドに、某中堅私立大学から十数年ぶりの内定者として受かった就活生の文章(当時面談を通して私が一緒に作ったものだが、経験の部分は一部ぼかしている)である。

「私が御社を志望する理由は2つあります」

「1つ目は、自分の『価値』で人に感動を与えたいと思ったからです。これは、私が○○(ある楽器)を通して、多くの人に感動を与えた経験によるものです。私は、定期的に○○(あるお店)で演奏会をさせていただいております。自分が長年にわたって積み重ねた努力や価値で、その空間にいる人を楽しませることができた、感動を与えることができたという経験が、私の就活の原動力となっています。この原動力は、御社でも、より多くの人に、より大きな感動

を生み出せる力と考えております」

「2つ目は、私の強みを御社の業務で活かし、貢献できると考えたからです。私の強みは『課題を見つけ、プラスになるよう行動できること』です。御社の業務は、『改善の繰り返し』だと考えています。これまで何度もディズニーリゾートに足を運ぶ中で感じたのは、いつ訪れても、全く同じ日がないということです。御社は、日本トップのエンターテイメント空間を提供しながら、つねに「新しい感動」を生み出し続けています。これはつねづね、顧客のために改善を繰り返した結果だと思います。私自身も○○（経験）で培った強みを活かし、御社に貢献できると思っております」

「以上のように、私には御社で達成したい夢、御社に貢献できる手段があります。だから、御社に入社したいと強く考えています」

　いかがだろうか？　オリエンタルランドのように身近な toC 向けサービスをしている企業こそ、多くの就活生が「テーマパークを褒め称える」文章を書きがちになる。

　そんな中、企業への「魅力」「活躍」「貢献」のスタンスを兼ね備えたこの志望動機は、ライバルとの強い差別化を可能とするのだ。

　しかし、この「魅力」「活躍」「貢献」の理由を作るためには、「業務理解」が必要不可欠。この「業務理解」という言葉は、就活生が苦戦するキーワードでもあるため、次のページで具体的に解説していこう。

就活生がハマる罠、「事業理解」と「業務理解」の違い

「事業理解」は得意、「業務理解」は苦手。これは、就活生が陥ることの多い罠の一つ。

そもそも、多くの就活生は「事業」と「業務」を明確に分けて考えていないことがほとんど。

「事業」というのは、主語が「企業」で、会社全体としての取り組みを指しており、「業務」というのは、主語が「社員」で、日々社員が携わっている仕事を指している。

たとえば、大手食品メーカーの森永製菓の場合、主な事業は「菓子（ハイチュウなど）」「健康食品（ウイダーinゼリーなど）」「冷菓（チョコモナカジャンボなど）」を製造・販売している。

就活生も、森永製菓という企業が「どんな商品を製造して販売する事業をしているのか？」は理解しているのではないだろうか？

　一方で、森永製菓の社員が「日々どんな仕事をしているのか？」については、きちんと説明できないことが多い。

　この「事業理解」と「業務理解」に違いが生まれる一番大きな原因は、「情報取得の仕方が異なる」という点だと言えよう。

　たとえば、就活生がほぼ必ず参加すると言っても過言ではない、「企業説明会」であるが、企業説明会の内容は、ほぼ「事業理解」に関する情報だということを知っておいてほしい。

　一般的なものであれば、「自分たちの企業がどんな事業、サービス、取り組みをしているのか？」「どんな価値観を大切にしているのか？」を1時間程度で説明してくれるもの。

　つまり、就活生に向けて、わかりやすく「企業全体」の話をしてくれているというわけだ。

　説明会の限られた時間の中では、「1人の社員にフォーカスをした細かい業務の話」は、優先順位的にはあまり高くはない。

　しかし、あなたが、より深く「業務理解」をしようと思ってくれるのならば、ぜひ積極的に「OB訪問」をしてみてほしい。

　これが、一番効果的に「業務理解」をするための手段となる。

　OB訪問であれば、「日頃、社員はどんな業務をしているのか？」「その業務はどんなところが大変なのか？」「業務のやりがいや楽しさは、どんなところにあるのか？」「その業務ではどんな能力が求められているのか？」「その業務ではどんな人が活躍しているのか？」など、細かく、具体的な話を聞くことが可能となる。

OB訪問ができなかった、あるいはできない就活生ももちろんいるだろう。そんなあなたも、心配しなくても大丈夫。

　そんな時は、企業の採用サイトの「社員インタビュー」を読み込んだり、説明会や企業開催のイベントで自分から積極的に質問をしたり、場合によっては本番の面接の中で逆質問という形で情報収集をするなどの方法もある。

　これらの方法は、ただ参加するだけでどんどん情報を説明してくれる"受身的な"企業説明会と異なり、自分から積極的に行動する"能動的な"姿勢が必要となる。

　正直、面倒くさいかもしれない。ただ、この行動や姿勢の差が、「情報の差」になると思ってほしい。

　「事業理解」だけではなく「業務理解」も深くできている情報の差こそが、最終的には内定を勝ち獲れる「就活強者」と、内定を逃す「就活弱者」に分かれる要因となるのを忘れないでほしい。

　95ページでもお伝えしたように、志望動機においては、「行きたい理由」だけでなく「活躍できる理由」まで作り込む。

　そのためには、「事業理解」と「業務理解」を切り分けて考える必要があり、そして、ライバルの就活生が苦手としている「業務理解」の深さで、内定を勝ち獲りに行こうではないか。

面接官がシビれる 志望動機の作り方

最後に、面接官がシビれる志望動機文の作成方法について解説する。

ただし、覚えておいてほしいのは、志望動機は選考の過程で"育てる"必要があるということ。

第5章で詳しく解説するが、面接の段階に応じて、面接官の注目点は変わっていく。選考の過程は、企業によって異なり、たとえば「ES提出→Webテスト→一次面接→二次面接→最終面接→内定」といったステップがある場合、選考が始まってから終わるまでに、2～3ヶ月かかることがある。

そのため、たいていES提出時の志望動機と内定時の志望動機は大きく異なっていることが多い。なぜなら、その2～3ヶ月の間に、「業界研究」や「企業研究」をさらに深める時間があるから。

また、「OB訪問」などを通して、いっそう詳細な情報を収集す

る機会もあるだろうし、一次面接の「逆質問」を通して志望動機がさらにブラッシュアップされ、より明確になることもある。

　企業側もこれを理解しており、一次面接時から志望動機を厳密に評価することはない。評価の主要な部分は、「人物面」。
　これは、ES 提出時点でも同様で、最低限必要な要素を含んでおり、読みやすい文章であれば全く問題はないということ。

　このように、ES 提出時点の志望動機の内容はあまり重要視されていないため、この時に就活生が考えるべきは、いかに効率的に短時間で志望動機を作成し、持ち駒を増やせるか、なのである。

　そのためには、まず、文章を「志望動機パート」と「活躍理由パート」に分けて考えてほしい。

◎志望動機パート
　文章を書き始める前に、「ワンキャリア」や「みん就」などの就活情報サイトで、数年分の企業の志望動機を確認してほしい。
　数年分を確認すると、その企業の志望動機の傾向がよく見えるようになる。その傾向に合わせて、キーワードを見つけるのだ。

　94 ページから紹介した、オリエンタルランドの志望動機の場合、「自分の『価値』で人に感動を与えたいと思ったからです」というキーワードがある。このキーワードは、経験のない就活生にとってしてみれば、ゼロベースで思いつくのはかなり難しいだろう。

　したがって、就活情報サイトで見つけたキーワードをそのまま使

わせてもらうのだ。それは決して悪いことではない。そのキーワードをもとに、**自分の経験と結びつけてオリジナル性を出せば良いのだ。**

◎**活躍理由パート**

　理想はOB訪問の場が最適だが、アポイントメントを取ることができない場合やコネクションがない場合は、企業サイトの「社員インタビュー」や「プロジェクトの説明」を読み込んでほしい。

　その中で、「○○会社に入社すると○○の仕事（業務）をすることになる」といった情報を見つけ、その仕事に必要な能力やスキルを想像して、自分の経験をその要件に合わせて書き連ねていけばOK。

　実際に、最初の志望動機を作成するプロセスは、以上のような方法で十分すぎるくらいである。
　慣れてくると、1時間程度でESを提出できるような志望動機を作成できるようになるはず。

　最初は、できるだけ多くの志望動機を作成することが重要であるため、どんどん数を熟（こな）していってほしい。
　アクション量に比例して、選考の成功率は必ず高まるもの。
「傾向を調べる→キーワードを探す→自己経験を加える」というプロセスで、志望動機文を作り込んでいってもらいたい。

第 **5** 章

面接編
──面接は自分を売り込むプレゼンの場

　面接における強者と弱者の差は面接の"スタンス"に出る。面接の勝率が低い人は「お客様スタンス」。一方で、面接の勝率が高い人は「自分を売り込むスタンス」で臨んでいる。

　この差が、面接の勝率に非常に大きくかかわることは言うまでもない。もちろん、最初からこのスタンスの差を作れるわけではない。この差に至るまでの過程、「情報」「練習」「実践」が非常に重要である。

　本章では、面接官の視点を学びながら、内定率を最大化させるための「面接攻略」について具体的に解説していく。

【プロローグ】
ひぐま君のお話④

☑POINT

ほぼ AV 男優の見た目で就活していたあの頃……。

　最初に、私が就活生だった頃に持っていた、面接に臨む時のスタンスについて話をしよう。

　私は 2010 年に大学を卒業し、メガバンクに入行（銀行用語では入社のことを入行と言う）した。

　あまり今の就活生には馴染みはないかと思うが、当時「リーマンショック」という大型倒産、金融危機が数年前に起こり、2010 年に卒業を迎えた人たちは、いわゆる就職氷河期世代となったわけだ。

　その前までは売り手市場。メガバンクは総合職では 700 ～ 800 人を採用しており、私もそこまで苦労することなく、それなりに良い企業に入社できると信じて疑わなかった。

　そんな余裕満々の中での、突然の「リーマンショック」。メガバンクの採用枠は軒並み前年の半分以下になり、他の大企業も採用人数を半分以下にしたり、業界によっては採用人数すら開示せず「若干名」という企業が大多数を占めるようになった。

「内定取消」という言葉が、当時の SNS を通じて一般的に広く認

知されるようになったのも、このタイミングだったように思う。

　実際に、「MARCH」の「C」、中央大学だった私の周りの友人2割くらいが就職できずに就職留年、既卒で再就活。実家に帰ってりんご農家を継ぐなど、かなりの苦戦を強いられるような状態だったのをよく覚えている。

　そんな中、私の就活はどうだったかと言うと、もちろん "圧勝"。メガバンクだけでなく、大手のメーカー企業、練習で受けたベンチャー企業など様々あったが、結果、ほとんど面接に落ちることなく就活を終えたのだ。

　当時は今ほど「就活の情報」があったわけではなく、進め方についても人それぞれ。そんな中で私が徹底したことを2つ挙げるとするならば、それは、

◎徹底的に社員のマネをすること
◎徹底的に暗記から脱却すること

　この2点をとことん追求して就活を進めたら、信じられないほど就活がうまくいったのだ！
　そして現在、自分も面接官の立場を経験してみて、あらためて当時の自分の就活を振り返ると、「内定を獲るべくして、獲ることができた」という確信に至っている。
　それをぜひ、あなたにも知ってほしい。

　1つ目の「徹底的に社員のマネをすること」についてのエピソードから話をしよう。

第5章　面接編――面接は自分を売り込むプレゼンの場

105

当時から圧倒的ガリバーとして名を馳せていた某証券会社の社員を徹底的に観察して、その雰囲気を身に纏うように心掛けていた。

　要は、就活は"見た目から"ということを大事にしていたのだ。

　当時の私は、色白で重たい前髪が目にかかるバイタリティゼロの雑魚就活生だった。

　ある時、ふと「自分が面接官だったらこんなヤツ死んでも採用しないだろ」と気付くことができて、それじゃあ「どんな就活生が来てくれたら面接官は良い印象を持ってくれるだろう？」と逆算。

　そうして、「某証券会社の社員とかマネしておけば大丈夫だろ」的な精神で就活に臨むことにしたのだ。

　気付けば髪は短髪（ジェル付き）、なぜか色黒社員の多い某証券会社の社員になりきるため、徹底して日焼けサロン通いを断行。

　ふと鏡を見ると、目の前には某証券マンが！　おそらくほとんどの人から見ればただのAV男優だったように思う。友人からは「ひぐま、なんか就活始めてから『チョコボール向井』みたいになったな」と言われるほどに（知らない人はぜひググってみてな。就活時の私にそっくりなんだ）。

　見た目が整ったら、2つ目の「徹底的に暗記から脱却すること」に移ってほしい。

　就活中、私はかなりの頻度で大学の友人と面接練習をしていたのだが、この時に気付いたことがあった。

　それは、みんな面接が下手だということ。というよりも、暗記っぽい話し方なのだ。

　とくに、志望動機を話す時に、この"暗記っぽい"傾向が顕著に出ていたように思う。当時の私が「え、それは無理じゃね？　俺が面接官だったらすげぇ嘘くさく聞こえるよ」とみんなにアドバイスをしていたくらいだ。でも、いくら指摘しても、暗記っぽい話し方はなかなか直らないもの。

　もちろん、私も最初はめちゃくちゃ暗記っぽい、サイボーグのような話し方だった。ただ、「このままじゃヤバい」という焦りから、毎日数十回、暇な時、バイトで誰も見てない時、それこそ風呂の時もトイレの時もずーっと１人で話す練習をするようにした。
　すると、気付けば"暗記っぽさ"から脱却。まるで自分の本心からの言葉のように、熱量を持って話せるようになっていたのだ。

　今、自分が面接官側になって強く思うのは、「社員のマネをする」「暗記から脱却する」が、面接においてとても重要な要素であったということ。

　見た目はAV男優、話し方も些か詐欺師っぽくなったと言われたこともあったが、就職氷河期の中、第一志望から内定を獲れた自分が正解だったと、今でも確信している。

　本章ではその核心的な理由を、より論理的に面接官の視点で解説していくつもりだ。あなたの面接のレベルアップの役に立つ、そんな話をしていこう。
　就活は、インプットではなく、アウトプット。「面接のパフォーマンスで内定を獲る」という視点で読み進めてほしい。

「ありのまま」の状態で 面接に行くバカ者たち

☑POINT

面接も営業！
内定率を最大化させるための自分を作り上げていくべし！

私は「ありのまま」の自分で面接を受ける人はたいていバカだと思っている。

よくSNSにいる「就活生にアドバイスしたがりおじさん」や「自称就活のプロのキャリアアドバイザー」は、口を酸っぱくして「ありのままで面接に行け！」とアドバイスをする。

彼らの論理は、「ありのままの自分を見て、採用してくれる会社が一番自分にマッチしている。自分を偽って面接に臨んでも後から後悔するだけ」ということのようである。

しかし、考えてみてほしい。そもそも、「行きたい会社に受かってそこが自分にマッチすること」と「内定率を最大化させるために"戦略的に"自分を作り込んでいくこと」は全くの別物だとは思わないだろうか？

なぜなら、社会に出ればほとんどの人が仮面を被って企業や組織

に所属して活躍している。別の言い方をするのであれば、自分の評価が最大化するように逆算し、自分の立ち振る舞いを作り込んで、企業や組織に溶け込んでいるということ。

たとえば、営業の仕事などでも同じことが言える。自分が顧客に営業をするにあたって、決して「ありのまま」の自分では行かないだろう。

顧客が求める「担当者像」を想像して、作り込み、戦略的に顧客に接するのが"デキる"営業マンではないだろうか？

よく、「○○さんは自然体だね」「○○さんは裏表がないね」「○○さんは正直者だね、そんなところを信用しているよ」と言われている"デキる"営業マンがいるが、これは少し違うと考えている。

間違いなくその営業マンは、その「自然体」「裏表がない」「正直者」、そして「ありのまま」という領域に辿り着くまでに、徹底的に自分を磨き、礼儀や作法を学んできているのだ。

自分の立ち振る舞いに自信が持てるまで営業のトレーニングを繰り返し、その状態まで自分をレベルアップさせてから「（戦略的な）自然体」「（戦略的な）裏表がない」「（戦略的な）正直者」、「（戦略的な）ありのまま」の自分を演じているというわけ。

面接も全く同じことが言える。何度もお伝えしているように、企業の採用活動は、決して「ボランティア」ではない。

企業の利益を最大化するために、「長期的に活躍してくれる人」を採用（投資）するのだ。

だからこそ、自分が面接官だったら、

◎どんな就活生を求めるか？

◎どんな見た目であれば良い印象を持たれるか？

◎どんな話し方、立ち振る舞いであれば社会人としての活躍を期待されるか？

◎どんな内容の話をすれば面接の評価が最大化されるか？

　これらを徹底して逆算し、想像し、自分を作り込むことを大事にしてほしい。

　実際に私も面接官をしていた時は、「目の前の就活生の『ありのまま』の立ち振る舞いが見たい」とは全く思っていなかった。「この人は顧客に好かれるだろうか？　この人はうちの会社にマッチするだろうか？　この人はうちの仕事で活躍するだろうか？」というような項目のみを徹底的にチェックし、就活生を見極めていた。

　最近は、より他人と被らない唯一無二の「個性」を出すことが重要と思っている就活生が多くいるが、そんなのは内定をもらって、社会で活躍するようになってから、勝手に出せば良いと私は思っている。

　まずは何よりも、内定をもらうことが最優先であり最重要事項。そのために、面接は「自分を企業に売り込む営業」と捉えて、自分の内定率を最大化させるために、徹底的に自分を作り込んで面接に臨む“努力”をしてほしい。

　企業は「ありのまま」のあなたを求めてはいない。活躍する期待が持てるあなたを求めているのだ。

面接こそ、徹底した「量」と「改善」が求められる

✓ POINT
就活強者は、徹底的に面接の「量」と「改善」を熟す！

　面接は「営業」とお伝えしたが、もっとあなたがイメージしやすいもので例えるとしたら、面接は「スポーツ」と考えてもらっても良いだろう。

　面接がうまくなるために、そして内定率を最大化させるためには、言うまでもなく、最低限の「量」を熟す必要がある。
　スポーツは、自分のパフォーマンスが最大化されるように日々練習に励み、週末の練習試合などの実践でその時にできなかったプレイを翌週の課題として、徹底的に改善していくものだろう。

　つまり、「練習→実践→改善」をひたすらに繰り返していくということ。面接も、これと全く同じサイクルだと考えてほしい。

　面接の練習を行ない、模擬面接や志望度の低い企業などの面接に臨む。要するに、これは練習試合。
　そこで出た自分の課題を振り返り、改善し、実践を続ける。本番

の志望度の高い企業までに自分のレベルアップを重ねていくのだ。

　そして、面接における「改善」については、以下の2つのポイントを押さえて行なうと、より効率的にレベルアップが期待できる。

１. アウトプットの質の改善
２. 話す内容の改善

「アウトプットの質の改善」とは、要するに、一次印象の話である。面接では、プレゼンと同じで何度も繰り返し行なうことで必然的にアウトプットの質が上がるもの。たとえば、

◎表情
──真面目な表情、少し崩した表情、笑顔の使い分けなどができる

◎視線
──相手の目を見てしっかり話すことで言葉により信頼を与える

◎話し方
──相手の聞き取りやすい声質、スピードを意識して話せる、自信
　を持った話し方、立ち振る舞いができる、「あ〜」や「え〜」
　などの無意味な繋ぎ言葉のフィラーがなく話ができる

◎結論ファースト
──結論からの具体的な話の流れで、わかりやすく相手に伝えられ
　る

といったもの。当たり前のことのように思うだろうが、じつは意外にも多くの就活生ができていない。

　実際に、私が面接官をしていた時も、多くの就活生が無表情、目線も合わず、話し方も自信なさげ、言葉に詰まってすぐに「あ〜」や「え〜」で会話が止まる……、まるで何か嘘を隠しているかのような振る舞いをしてしまっていたのだ。

　こうした就活生については、残念ながらほぼ100％見送りとなったのは言うまでもない。

　続いて、「話す内容の改善」とは、要するに二次印象の話である。これは、面接が進んでいく中で変わる印象のことを指している。

　面接は、もちろん面接官によって質問内容が異なり、深掘りの仕方、見ているポイントも異なってくるもの。たとえば、

◎ガクチカ
──自分の作り込んだガクチカを、自分の価値を踏まえて、面接官
　　にわかりやすく伝えられる

◎志望動機
──面接官が求めている価値観にマッチした話を、一貫性を保って
　　伝えられる

◎深掘り対応
──面接官の質問の意図を理解し、求められている回答を想像しな
　　がら答えられる

◎想定外な質問への対応
──準備していないような質問に対して、冷静に結論ファーストで
　答えられる

　といったことに対応できるかどうかということ。言わば、面接における武器、引き出し、エピソードの広さ、深さである。

　面接は、1回目よりも5回目、5回目よりも10回目……。やればやるほどうまくなる。それは傾向と対策の結果によるものなのだ。
　どんな質問が来るのか学習し、答えられなかったものは次回答えられるように改善する。答えられたもののイマイチ面接官に刺さらなかったような話をもっと改善してみる。

　そういった改善を繰り返していくことで、面接で「話す内容」の質が向上していく。
　就活強者は、この面接の「練習→実践→改善」のサイクルを徹底的に繰り返し、とにかく「量」を熟している。

　よく耳にする「量よりも質」という言葉があるが、就活においては「量を熟すことで質を上げる」が正解。
　目的もなくひたすら自己分析、ひたすらインプットのような、そんな就活生に内定は出ないと考えてもらいたい。

　内定は、面接の結果としてついてくるもの。内定率を最大化させるために、面接の「量」を徹底的に増やすようにしてほしい。

Ｆランとガクチカ弱者こそ、面接で「逆転ホームラン」を狙え！

✔POINT
どの企業でも評価される「自信」と「言語化力」を磨く！

　断言するが、就活生の 90% は努力をしていない。圧倒的な努力不足である。

　そして、そんな就活生たちがライバルだからこそ、あなたにチャンスがあるというのが就活というゲームの面白いところであり、醍醐味なのだ。

　この「努力」の要素を分解して話をすると、インプット（自己分析や業界研究など）に対して、寝食を忘れるほど時間をかける一方で、アウトプット（模擬面接や実際の面接）に時間をかける割合が著しく低い、ということになる。

　なぜこのような状況に陥るのかと言えば、インプットは楽だから。これに尽きるだろう。この時間は１人でできるし、この取り組みを誰かから否定されることもない。

　時間をかければかけるほど、"就活をやった気"になれてしまうというわけだ。しかし、最後に内定が出るのは、インプットに割い

た時間ではない。

　アウトプットの集大成である面接の場で、ハイパフォーマンスを発揮できた人にこそ内定が出るということを忘れてはいけない。

　ほとんどの就活生にこの意識がないため、いわゆる「Ｆラン大学出身者」や「ガクチカ弱者」でも逆転ホームランを打つチャンスが大いにあるのが就活というゲームなのだ。

　実際に、私が面接官をしていた時や就活生との面談の中で「高学歴でネタもあるのに全く就活がうまくいかない」と嘆く人が大勢いた。
　結論を言ってしまえば、彼らの共通点は「面接慣れしていなくて、伝えるのが単純に下手くそ」というだけのこと。

「面接慣れ」という点においては、「自信」の重要性を感じてほしい。多くの面接官は、「自信を持って話せる就活生」に強い魅力を感じるのだ。
　これは、「自信を持って話せる就活生」は、社会での活躍期待度が高くなるから。たとえば、就活生も２年後、３年後には企業の社員として自社の製品やサービスを顧客に提案する側になっているはず。

　その時に、不安げに、自信なさげに、また質問をしても曖昧な回答をしてくる担当者と、自信を持ってどんな質問にも丁寧に納得感ある受け答えをしてくれる担当者、どちらが顧客から選ばれるだろうか？　言うまでもないが、もちろん後者である。

　繰り返しになるが、就活もこれと同じで、「自分を企業に売り込む営業」だと考えてほしい。

　そして「自信」は反復練習をすることで身に付けることができる。これも、先にお伝えした「量を熟す」ことで少しずつ自信が形になっていくのだ。

　また、「伝えるのが下手」という点については「言語化力」の重要性を感じてほしい。

　多くの面接官は、「物事をわかりやすく伝えられる就活生」を面接で評価する。これもまた社会での活躍期待度が高くなるから。

　同じく顧客提案の話を例に挙げると、売れる営業、信頼される担当者というのは、等しく「言語化力」が高いもの。

　具体的に言うと、相手が頭の中でエピソードを映像化できるほど、わかりやすく伝えることが上手なのだ。

　面接では主に自分の価値や志望動機を相手に伝えることになる。

　この言語化の作業において、「ほぼ同じような話をしていても、受かるＡさん、落ちるＢさんに分かれる」のが、就活というゲーム。

　この差は、「言語化力＝伝える力」によって生まれていくものであることを、あなたには知ってほしい。

　この「言語化力」についても、「自信」と同様に、面接の「量を熟して」いくこと！　話す内容（言語化）の改善を愚直に繰り返すことで、必ずレベルアップすることができる。

　それにもかかわらず、ほとんどの就活生は面接の練習をしない。

　改善できるチャンスを自ら逃したまま、志望度の高い、重要度の高い面接に臨んでしまうのだ。

私は、就活の面接練習のサービス「ソクミー」を運営している。

　ここでは、無料で誰でも気軽に面接練習ができるようになっているのだが、事実、面接練習の「量」に比例して内定率が高くなっていることが、ここでのデータから立証済みである。

　具体的な数字だと、学生同士の模擬面接の練習を 20 回以上、企業の実践的な面接を 10 回以上繰り返した就活生の勝率はかなり高いものになる。

　ただ、それだけの面接練習を重ねる就活生は、全体の 10％程度にしか満たず、つまり 90％近くが内定率の最大化、面接の改善の余地を残したまま本番に臨んでいるということになる。

　だからこそ、今のあなたにチャンスがあるのだ。企業の採用とは決して「スゴい人選手権」ではない。学歴が低くても活躍できそうなら、またガクチカがたいしたことなくても活躍できそうなら、内定は確実に出る！

　面接の「量を熟す」ことで、全ての面接官から評価される「自信」と「言語化力」が必ず身に付く。

　そして、多くの就活生がこの点を追求しないことを考慮すると、やらない手はないだろう。

　この本を手に取っているあなたは、上位 1 割の就活強者だ。徹底的に量を熟し、内定率を最大化する。志望する企業から内定を獲得してほしいと強く願っている。

　みんながやらない、努力をしないからこそ、就活は勝てるゲームだということを、つねに頭に置いて行動してほしい。

面接で見ているポイントは、じつは3つしかない

✓POINT

就活をシンプルに考えることで、面接の攻略法が見えてくる！

就活は勝てるゲームだということは繰り返しお伝えしてきたが、言い方を変えて、非常に「シンプルなゲーム」と思ってくれても構わない。

何がシンプルなのかと言うと、面接において、面接官は本質的には3つのポイントしか見ていない、ここが非常にシンプルなのだ。

就活生は様々な情報に踊らされ、何が重要かが見えなくなりがち。そんな時こそ頭の中を整理して、一番シンプルな考え方で就活を進めるようにしてほしい。面接で見ているポイントは以下の3つ。

①人物評価
②カルチャーマッチ
③志望度

全ての企業の面接官はこれしか見ていない。ここまでで一貫してお伝えしているように、企業にとっての採用活動とは「企業が永続

的に成長していくための投資活動」でしかない。

　その前提の中で、面接においてどんな就活生の優先順位が高い
か？　となれば「入社後に売上・利益に貢献できる可能性が高そう
で、なおかつすぐに退職せず、長期に渡って会社に定着してくれる
就活生を採用したい」と考えるのは必然だろう。

　そして、就活というゲームは、就活生が「内定承諾をして来年の
４月１日の内定式を迎える」まで続く。つまり、企業側にとっては
内定を出すことがゴールなのではなく、就活生が内定承諾し、入社
するまでがゴールとなるということ。
　先ほどの３つのポイントついては、次のページにそれぞれ具体的
な内容を記載している。そちらを参考にしてほしい。

　面白いことに、実際の面接でされた質問などを分類すると、ほぼ
全てこの３つの要素のいずれかにカテゴリー分けができるのだ。
　これだけシンプルなゲームだからこそ、就活を進める中で自分に
足りないものは何か？　をつねに考え、

「いつも最終面接で落ちてしまう。志望度の高さを伝える内定承諾
への覚悟感が足りていないのかも……」

　といった具合に、自分を客観的に分析して足りないものを補い、
改善していくことが重要となる。
　複雑に考えすぎることはない。３つのポイントしかないからこそ、
より具体的に自分の面接対策、改善、レベルアップに繋げるように
意識してほしい。

面接官の評価項目の本質
「面接でチェックされている3つのポイント」

①人物評価
- 入社後に活躍できるかどうか?
- 人としての立ち振る舞いは問題ないか?
- 素直さや誠実さ、愛嬌などはあるか?
- 円滑に、社会人としての人間関係を構築できるか?
- 携わる仕事、業務で求められる能力はあるか?
- わかりやすく、論理的に物事を伝える力(言語化力)はあるか?
- 物事を整理し、自分の経験に基づいて考え抜く力(思考力)はあるか?

②カルチャーマッチ
◎価値観の一致
- 原体験に基づき、自分の大切にしている価値観と、企業や仕事で大切にしている価値観は一致しているか?

◎行動の一貫性
- 大切にしている価値観に基づいて、学生時代に行動ができていたか?

◎スタンス
- 明確な価値観に基づいて、高い熱量を持って行動できていたか?

③志望度
◎志望動機の一貫性
- 原体験と志望動機に一貫性はあるか?
- 論理的な説得力、納得感はあるか?

◎準備力
- 入社後の業務を理解して、実際に働くことを想像できているか?
- OBOG訪問、業界研究、企業研究を行なっているか?

◎志望度
- 面接に熱量や覚悟を持って臨んでいるか?
- 内定を出した時に、承諾してくれる可能性は高いか?

面接を作る過程を知れば内定は見えてくる

　面接官が見ているポイントは、面接フェーズの中で様々に変わっていくことが多い。

　わかりやすく言えば、一次面接、二次面接、最終面接のそれぞれでは、見ているポイント、評価項目が異なってくるということ。

　これは、企業の採用活動における面接設計の話であり、この裏側を理解しておくことで、自分の面接対策、内定をもらうための近道にも繋がるというわけだ。

　まず、119ページで解説した面接で見ている本質的な3つのポイントの「人物評価」「カルチャーマッチ」「志望度」については、不変的な要素であり、全ての企業、全ての面接フェーズで共通して見られていると思ってほしい。

　重要なのは、その中でも「見ているポイントの優先順位」が面接の過程で変わってくるという点である。具体的な例を用いて解説し

ていこう。

【一般的な面接選考3回の企業の場合】
◎一次面接＝「人物評価」

　企業側にとって、一次面接の目的は「足切り」としての役割を担っている。

　主には人物面のチェックとして機能している場合が多く、具体的には一般的な挨拶やマナー、服装、見た目、清潔感、立ち振る舞い、話し方、言語化力など、社会人になる上での基礎スキルに近い視点で見られている。

　ちなみに、一次面接から、具体的な志望動機を深掘りしてくる企業は多くない。仮にあったとしても、評価をする上での優先順位は決して高くはないだろう。

　なぜなら、ESの提出から内定まで企業によっては2〜3ヶ月ほどかかる場合もあり、ESの提出からまだ日が浅い一次面接では、情報収集や整理もまだまだ弱い段階だと企業も理解しているため、志望動機に高い優先順位をつけることは滅多にないのだ。

　それ以上に、面接に訪れた人物そのものである人物評価に対して優先順位を高くする傾向にある。

　また、企業規模で言えば、大企業になればなるほど人事部ではなく、若手の営業担当などが面接官として動員される場合も少なくない（実際に私もそうだった）。

　それは、大企業であれば、もちろん届くESの数も多く、書類選考を通過する就活生が相当数発生するため、企業によっては人事部だけでのマンパワーが足りなくなるから。

こうして他部署の人間が面接に動員されるわけだが、この場合、普段から面接をしている慣れた人事部よりも選考の見極め基準が曖昧になるのは、想像に難くないだろう。

　その結果、誰でもわかりやすくジャッジできる人物評価が、優先されるのだ。

　たとえば、現場の人間目線で「この就活生と一緒に働きたいか、自分たちの職場に馴染んで活躍してくれるイメージが持てるか」などの抽象的な視点で面接が行なわれ、基準についても「迷ったら残す」と考える企業も多くある。

◎二次面接＝「人物評価＋カルチャーマッチ」

　二次面接からは、人物評価に加えて一次面接以上にカルチャーマッチ度合いが見られるようになる。

　面接官として動員される人も、担当者レベルから「人事部採用マネージャー」や「営業マネージャー」のように、現場レベルで役職者として部下を持っているような人が面接を担当することになると考えて良い。

　ここでのポイントは、「長期的に活躍できそうか」という視点。つまるところ、企業が最も求めている就活生像を、しっかりアピールできるか否かが鍵となるのだ。

　そもそも面接のスタンスも、一次面接のように「迷ったら残す」ではなくて、「迷ったら見送りにする」というものに変わる。

　なぜなら、この面接を通過すると次は採用決定権のある人物、採

用責任者に加え、役員や企業によっては代表取締役（一番エラい人）が出てきてしまうから。

二次面接官も変な就活生を上に通して、「なんでこんなヤツを通過させたんだ！」と怒られるのがちょっぴり怖かったりするのである。

就活生も一次面接で足りなかった部分をしっかり改善しつつ、**カルチャーマッチ、志望動機のブラッシュアップ**を必ずしてから臨むようにしてほしい。

◎最終面接＝「志望度」

最終面接は、とくに志望度の高さ＝「内定を出したら本当に承諾してくれるかどうか」を見ている。

裏を返せば、一次面接官、二次面接官から「○」が出て、最終面接の場に立っているため、人物面では、そもそも懸念はされていないのだ。

その点についてはあなたも最終面接の場では自信を持ってほしい。

その中で、あとは志望度の高さの表現で勝負をしないといけない。

具体的には、暗記っぽくならずに、志望動機や志望度の高さを圧倒的な熱量と覚悟感を持って言い切ることができるか、である。

「入社後やりたいこと」や「将来のビジョン」「他社との差別化」を（対策として）明確に言葉にすることができており、**入社後のイメージをしっかり持てているか**が大切になるのだ。

このように、面接フェーズで面接官の見ているポイントは若干異

なってくる。これらを就活に活かすとしたら、もちろんあなたのこれからの対策や行動は変わってくるはず。

　たとえば、毎回一次面接で苦戦する人は、志望動機や業界研究に時間を割くのではなく、そもそもの面接の基礎スキルを磨いたほうが得策。

　最終面接で毎回苦戦するという就活生も中にはいる。この場合は人物としては特段懸念はなく、むしろ自信を持って志望度の高さの伝え方、熱量の魅せ方を考えていく必要がある。

　他社との差別化がまだ弱い、入社後のイメージがまだ曖昧、などが原因であったりするため、自分の面接を振り返り、改善し、次の面接にぜひ活かしていってほしい。

　その中で、自分は面接のどういった要素につまずいて苦戦しているのかを面接フェーズから客観的に分析し、レベルアップに繋げいこう。

志望動機の語りを制する者が 面接を制する

☑ POINT

就活は、役者になりきって演じきるとうまくいく!

面接官の視点で見ると、最後の最後に「迷ったら落とす就活生」の特徴がある。

それは、話し方が"暗記っぽい"就活生。

105ページでも「徹底的に暗記から脱却すること」についてかんたんに触れたが、残念ながら世の中の就活生の大半が、この"暗記っぽい"話し方から抜け出せないまま就活に臨んでいるのが現状である。

本章の最後に、この"暗記っぽい"という部分を、面接官の視点と就活生の視点の両方から分解して解説していこうと思う。

◎面接官視点

言うまでもなく、"暗記っぽい"話し方は「信用力」に欠けるだろう。棒読みの言葉は、面接官側からすると「本音」か「嘘」か、非常にわかりにくく、どちらかと言えば「嘘」に捉えられることのほうが多い。

また、"暗記っぽい"話し方は、とにかく中高年層から嫌われやすく、面接で言えば、終盤戦の役員や代表取締役など「決定権」を持った人との面接では致命傷になりかねない。

　先にもお伝えした通り、面接の終盤は「志望度の高さの見極め」をする場でもある。
　内定が出るか否かの大一番で、暗記っぽく、棒読みで、熱量もなく、ロボットっぽい話し方をされてしまうと、どうしても「この就活生は本音で話しているのだろうか？　内定を出したら本当に承諾してくれるのだろうか？　承諾は口だけで、きっと他社のほうに熱量を持っているのではないか？」と、面接官は感じてしまう。
　もちろん、これではそもそも内定を出してくれるはずもない。

◎就活生視点
「暗記っぽい」話し方は、とくに志望動機に関しての受け答えの時に散見される。これには次のような理由があると思っている。

　面接は主に2つのパート、「過去編」と「未来編」に分かれている。
　過去編というのは、主に「自己紹介」「自己PR」「ガクチカ」など、「今までどんなことをしてきたのか？」がキーワードになる、自分の過去の話が中心のもの。
　一方で、未来編は主に「就活軸」「志望動機」「入社後にやりたい仕事」など、「これからどんな仕事がしたいのか？」がキーワードになる、未来の話が中心のもの。

　この２つのパートにおいて、過去編の話は実際に自分が経験をした、実際に起こった話が中心となるため、比較的感情を乗せながら臨場感を持って話すことができる。

　しかし、未来編は、実際の経験の話ではなく、想像・妄想の話。言い換えれば、自分で考えた「入社後の物語」と言っても過言ではない。

　そのため、未来の話は限りなく暗記した物語を、一生懸命思い出しながら話す傾向に陥りがちになってしまうのだ。

　人は、実際に経験していない物語を暗記して、それを思い出しながら話すというのがとても苦手。

　経験していないからこそ、熱量や感情が乗せにくい、面接においては信用されない話し方となってしまうのである。

　ただ、私はここにチャンスがあるとも思っている。大半の就活生が"暗記っぽい"話し方になってしまうからこそ、人よりも少し練習、対策をすれば差は大きく開くのだ。

　これも、「志望動機」を語る良さだと思っている。

　実際に、私が就活生の時には、志望動機は「カラオケ」と割り切って練習をしていたくらいである。

　カラオケというのは、最初は歌詞を見ながら、音程もなかなか合わず、ただただ文字面を追うだけになりがち（私はラップが好きだったのでなおさら棒読みであった）。

　ただ、毎日練習をしていくと、歌詞を思い出しながら読むという形から、段々と勝手に口から歌詞が出てくる、つまり口ずさめるようになってくるのだ。

この経験は、あなたにもきっとあるはず。好きな曲は勝手に歌詞が出てくるだろう。

こうして勝手に口から出るようになって初めて、「音程」「声の大きさ」「スピード」「ジェスチャー」などが意識できるようになる。

つまり、ここでようやく、歌詞を"読む"から"歌える"ようになったということ。面接も全く同じだと考えてほしい。

最初は、自分の想像・妄想の物語であった志望動機を、面接官に一生懸命"思い出しながら"話していた状態から、練習すればするほど、口から勝手に"歌うように"伝えられるようになる。

そこで初めて、相手の目を見ながら、熱量・覚悟感を持って、聞き取りやすいスピードで、志望動機を面接官にぶつけることができるというわけ。

私が就活生の時に一番やって良かったと思っているのが、この志望動機のカラオケ化。

繰り返し、何度もお伝えするが、ライバル（他の就活生）は、あなたが想像している以上に練習をしない怠惰な生き物。

数週間後には驚くほどの差が生まれるから、ほんの少し騙されたと思って、練習を続けていってほしい。

内定を獲得するために、自分がまるで役者にでもなったかのように、１つ１つの言葉に熱量、感情を込めて伝えていく……。

面接官の心を動かせるようになるまで、戦略的に面接のレベルアップを目指してほしい。

第 **6** 章

内定率を最大化する
テクニック集

——全ての悩みの答えがここにある

　本章では、就活生が直面する悩みについて、面接官の目線で解説していく。本書を全て読み終える頃には、就活生の中でも上位1割に入れるだけの知識が身に付くはずであるから、内定率の最大化のためにもぜひ余すところなく役立ててほしい。

面接の逆質問で 押さえておきたいポイントと おすすめの質問

☑POINT
逆質問の目的は、内定率を最大化させるための情報収集！

　最近、「逆質問はアピールの場」「鋭い逆質問で一発逆転！」といったようなSNSの投稿や記事をよく見かけるようになった。

　しかし、これは全て頭の悪い就活コンテンツの嘘と断言する。

　実際の面接の場面では、逆質問で合否の結果が覆るようなことはまずありえない。

　たとえば、それまで30分間の面接であまりにも酷い受け答えをしていたとする。面接官が「この人、見送りだなあ」と思っている状況で、最後になって急に鋭い逆質問をしたとしても、「この人はスゴい！　やっぱり通過させよう」となることは絶対にないだろう。

　そもそも、面接における評価項目は、119ページ以降で詳しくお伝えした通り、「人物評価」「カルチャーマッチ」「志望度」を土台とする様々な評価項目に基づいて作成されている。

　枝葉の部分である「逆質問」だけでは、評価が覆ることはない。

しかし、「逆質問」を、内定率を上げるためにプラスに活かすことはもちろん可能である。逆質問はどのように活用すべきなのか？
そのポイントを解説していこう。

　まず、逆質問における企業側の目的は「情報提供の場」。企業側も採用は長期的な投資であることが前提であるため、少しでも入社後のミスマッチを防ぎたいと考えているのは当然である。
　また逆質問に対して、企業側が解像度高く答えてあげることで、就活生の企業に対する「志望度上げ＝魅力づけ」として機能する場合もあるのだ。

　学生側としても、逆質問の場は「社員個人の話」を聞くチャンス。誰もが参加できる企業説明会などでは、主に「主語＝企業」、つまり「私たちの会社はこんなことをしています」という話が中心であり「事業理解の場」となっている。

　一方で、逆質問では「主語＝社員個人」、つまり「私はこんな仕事をしてきました」という話を聞くことができる場となるため、「業務理解の場」になり得るのだ。
　ここで聞ける話は、とくにOB・OG訪問ができなかった人ほど、上手に活用することで内定を獲るための大きなヒントを得るチャンスとなる。

　これから解説する逆質問で聞くべき３つのポイントと、その質問例を押さえて、使い分けをすることで、内定獲得のための効果がグーンと期待できる。
　ただし、前提として「この逆質問で得た情報を次の面接に活かす

逆質問の場で聞くべき
「業務理解」のための質問例

「入社後、どんな仕事をされてきましたか?」

「その仕事の中でとくに思い入れのある仕事や、大変だった
　仕事などあれば、具体的に教えて下さい」

「その仕事の楽しさは、どんなところにありますか?」

「仕事(事業)がうまくいったのは、〇〇さんのどんな工夫や
　要因があったからですか?」

「その仕事は、どんな人が活躍していますか?」

「その仕事は、どんな能力が求められますか?」

**いずれ質問されるであろう「入社後にどんな仕事が
したい?」の受け答えのヒントにしよう!**

ぞ!」という視点はつねに持つようにしてほしい。つまり、聞きっ
ぱなしではダメ、ということだ。

①業務理解

　これは、面接の状況であれば、「入社後どんな仕事がしたい?」
のヒントになる質問である。

　業務の具体的な話を聞くことで、その仕事で得られる楽しさや難
しさ(価値観)、その仕事にどんな人が向いているか(活躍に求め
られる能力)、などといった解像度を上げることが可能になる。

②志望動機の肉付け

　これは、志望動機全体をパワーアップさせることが目的となる。
　言ってしまえば、「社員の当時の志望動機を聞いて、良いキーワ

逆質問の場で聞くべき 「志望動機の肉付け」のための質問例

> 「〇〇さんは、なぜこの会社を選んだのですか?」
>
> 「就活生の時に、他に注目していた、志望していた業界などはありましたか?」
>
> 「他の会社ではなく、この会社を選んだ決め手はどんなところですか?」
>
> 「実際に入社してみて感じた、会社の良かったところはありますか?」
>
> 「学生の時には見えていなかった、会社に物足りないと感じるところはありますか?」
>
> 「入社してあらためて感じた、会社の強みや、弱みはどんなところですか?」

自分が話した志望動機の底上げを狙おう!

ードあればパクっちまおうぜ!」という話。

　さらにもう少し踏み込んでみると、社員になってわかる会社の良さを知ることができて、「なんで他社じゃなくてウチ?」という質問の答えが見つかることもあるのだ。

③キャリア

　これは、中長期視点の具体性アップが目的で、面接で言うところの「入社後、5年後、10年後、どんなキャリアを目指したいですか?」に対抗するためのネタ作りになる。

　若手、中堅、ベテランの社員は、いったいどんなキャリアを積んでいて、その過程でどんな仕事が楽しかったのか? キツかったのか? これからどんな仕事をしてみたいのか? といった内容の話

135

逆質問の場で聞くべき 「キャリア」のための質問例

「今までどんな仕事をされてきましたか？」

「2つ目、3つ目の部署は、希望されて異動されたのですか？」

「その部署の仕事の面白さは、どんなところにありますか？」

「今後、次のステップで、どんな部署や仕事にチャレンジしてみたいなどありますか？　どうしてその部署なのですか？」

「入社後、5年後、10年後、どんなキャリアを目指しているのか？」の質問に答えられるように、ネタを集めておこう！

を具体的に聞くための逆質問である。

　実際、中長期のキャリアなんて入社してから築き上げるものであり、面接官側も「聞いたところで……」というのが本音。

　しかし、面接官はこの質問を聞かれることによって、志望度の高さのチェックができるのもまた事実。

　本当に志望度の高い就活生は、採用サイトの業務紹介ページなどをよく読み込んで準備して来るもの。

　その過程で就活生の"準備力の高さ"が見えるからこそ、志望度の低い人や準備力のない就活生が中身のない抽象的なキャリアを語っているのが鼻についてしまうのだ。

「入社した後どんな仕事が したいですか？」への対策法

「この仕事がしたい！」で終わらせない。
差別化した回答を準備しておく！

「入社した後どんな仕事がしたいですか？」

　この質問は非常によくされる質問で、実際に私も面接官の時にこの質問はマストで投げかけていた。

　ここでは、この質問で面接官が見ているポイントと、実際に私が就活生の時に編み出した他の就活生と差別化を図れる方法を、具体的にお伝えしていこう。

　まず、この質問を通して何をチェックされているのかと言うと、ズバリ「志望度の高さ」である。

　この後に掲載する例文を読むと、よりイメージがつきやすいと思うが、志望度の高い就活生は業務に対する高い解像度、深い理解ができていることがよくわかる。

　具体例として銀行の面接シチュエーションで説明をしよう。

◎やりたいことのみで終わる回答

「私は入社後に法人営業をしたいと考えています。理由は企業への融資業務に魅力を感じたからです。融資とは成長している企業にお金を融通することにより、その企業をさらに成長させることができます。一方で、お金に困っている企業を助ける手段にもなるとお伺いしました。成長している企業を、さらに成長させることができるというプラスからプラスの側面だけでなく、お金に困っている企業を助けるという、マイナスをプラスにする可能性があることに、融資の魅力を感じ、法人営業にチャレンジしたいと考えました」

　いかがだろうか？　この文章は「融資のプロ」である銀行員に「融資とは？」をただ語るに留まっているのではないだろうか？
　これを実際に銀行員が聞いても、「そうだよね」としか思わない。言い換えれば、評価のしようがないということである。
　この文章はただ、自分の「業務理解度」を何となく伝えているだけで、自分の"活躍を想起させること"は全くできていないのだ。

◎やりたいこと＋活躍理由を含めた回答

「私は入社後に法人営業をしたいと考えています。理由は企業への融資業務に魅力を感じたからです。私はOB訪問の際に加藤さんという方から、融資とは「結果」であってその過程で信頼を築くことが何よりも大事だということをお聞きしました。たとえば、お客様が10億円で工場を建てる時、銀行がそのために融資をするのは最後の結果の部分というお話がありました。大事なのはその融資までに、2年も3年も前からお客様と少しずつ信頼関係を築き続けた結果だったということです。これは、私自身が経験したスポーツインストラクターのアルバイトでも全く同じことが言えると思いました。

お客様が「やせた」や「筋肉がついた」など、今思えばただの『結果』だと思っていました。その『結果』を出す過程の中でお客様とコミュニケーションを取って、一緒にフィットネスを楽しむように働きかけてきました。今では、その過程の中で私の知識や経験、人間性が少しずつ伝わって、信頼に結びついたからこそ、お客様と一緒に『結果』を出せたのだと思っています。融資業務は『結果』を出すために「その過程で信頼を築くこと」が最も大事だと思います。私自身もスポーツインストラクターの経験で『結果』のために「その過程で信頼を築くこと」を楽しみ、成果を挙げてきた経験があるので、必ず法人営業でも仕事を楽しみながら、成果を挙げられると考えています」

　この文章は、私が就活生の時に、実際の面接で使っていた文章。今思うと、拙い文章ではあるものの、面接官側の視点で読むと、この中に「活躍理由」や「業務から得られる価値観」が含まれていたことに気付くことができたのである。

「業務理解」とは「ただ業務を知る」のではなく、業務を知り、その業務に何が求められるか？　その中で自分のどんな能力を活かして活躍し、貢献できるか？　の言語化が非常に重要となる。
　業務理解の中で、「求められている能力」に対する「僕の、私の経験で同じようなこと、なかったかな？」と思考するひと手間が、活躍理由を含めた「やりたい仕事の回答」となる。

　ぜひ「やりたい仕事は？」の質問に対して、業務のその先の「何が求められるか？　自分のどんな経験が活かせるのか？」まで、立ち止まって考えてみてほしい。

「業務理解」の
ヒントを得る手段一覧

☑POINT
情報量は、就活を戦う上で強い武器になる!

　就活生は、企業が主語となる「事業理解＝その会社が何をやっているか?」に関する理解は比較的得意な一方で、社員個人が主語となる「業務理解＝その会社に入社した社員は何をしているのか?」に関する理解はとても苦手。

　これは、情報収集の難易度が違うから。一般的に、誰でも参加できるような企業説明会などでは、主に「事業理解」の話が中心になされている。
「業務理解」をしようとすると、能動的に、時には他の就活生以上に行動を起こさないと情報を得ることができないのも、また事実である。

　だからこそ、一歩踏み込んだ「業務理解」は、内定率を最大化する上で、ライバルとの差別化を図ることができる可能性があるのだ。
　ここでは、業務理解の方法について解説していく。

◎ＯＢ訪問

　一番の王道であり、社員個人の話を最も深く聞くことができる機会。

　一方で、１時間ほどマンツーマンで会話する必要もあるため、こちらも事前準備なしで向かっては失礼となる場合もある。必ず、聞きたい話の整理をしてから行くように徹底してほしい。

　また、全ての企業に共通するわけではないが、ＯＢ訪問で就活生を評価し、選考に役立てている企業も中にはある。ＯＢ訪問に行く際は、「話を聞く！」ではなく、「選考として見られている！」という考えを持って臨むこと。

◎説明会に参加する

　説明会は、ほぼ「事業説明の場」であると捉えてほしい。深い話は自分から能動的に聞き出さないと得られない場合のほうが多い。

　そこで、説明会での「逆質問」の時間を利用して、より業務内容を知る時間を自分から作るように動いてほしい。

　私が学生時代に行なっていた取り組みについても、参考程度に記載しておこう。

①説明会後に人事担当者を捕まえる／最後まで残って聞きそびれたことを質問しに行く

　※アピールというより、純粋に業務内容を知るために時間を利用していた。

②人事担当者とのコミュニケーションの延長線上で、可能ならＯＢを紹介してもらえないか相談をする

※ほぼ断られると思ったほうが良い。ただ、質問時のやり取りやその場の状況でごく希（まれ）に、紹介してもらえる場合も決してゼロではない。失うものはないので、とりあえずお願いをしていた。

◎企業の中途採用ページのチェック

　企業によっては、「新卒採用ページ」と「中途採用ページ」が異なる場合があるのはご存じだろうか？

　中途採用のほうが、より具体的な業務内容や具体的な社員インタビューが記載されている場合がある。

　可能であれば、**自分に関係のある「新卒採用ページ」だけでなく、「中途採用ページ」も覗（のぞ）いてみてほしい。**意外と、面接で「ＯＢ訪問はツテがなくてできなかったのですが、たまたま拝見した中途採用ページの〜」と会話の引き出しになる可能性は十分にある。

◎本の情報

　今の就活生は、ネット情報が主流となっているため、意外に本の中にも情報があるということを見落としがち。

　ここで言う「本」とは、「就活本」ではなく、企業や企業ＯＢが出している本のこと。

　もちろん、あなたの就活にかける時間が無限にあるわけではないことは私も重々わかっている。したがって、第一志望の企業や、その企業の所属する業界に沿った本を斜め読みする程度で構わない。

　読む時の要点として「理念」ももちろん大事ではあるが、「その企業の社員がどんな仕事をしているのか？」や、著者が企業ＯＢの

人であれば「その人が若手の時にはどんな業務に従事していたか？」
にフォーカスして読んでみてほしい（本の前半部分とかはけっこう
若手の時の自分の活躍話を書いている人が多いもの）。

　某有名リゾートホテルを受けるにあたって、説明会では会社の事
業の話が中心だったため、その企業の社員にフォーカスした本を読
んで業務を理解し、その業務にどんな能力が求められるか？　を予
測、対策して、内定を獲った就活生もいた。

　私自身も第一志望のメガバンクを受ける際には、銀行ＯＢだった
『宿澤広朗　運を支配した男』（加藤仁・著／講談社）という本を読
んでから臨んでいた。
　面接でその話を出すと、「え、宿澤さんの本読んでるの？　スゴ
いね！　他の学生で読んだって子聞いたことないよ！」と本を読ん
で得た知識よりも、「準備力」を誉めてもらえたことをよく覚えて
いる。

　他の就活生とのわずかな差になるかもしれないだろうが、内定を
勝ち取るためには、できることは全て着実にやっておくべき。
　本を何冊か買うにはそれなりにお金がかかるかもしれない。しか
し、他の就活生で読んでいる人が少ないからこそ、時間を見つけて
実践してほしい。
　思いもよらないところに、志望動機のヒントが落ちていたりする
からだ。

就活特化！
知らないと損する
「有価証券報告書」の読み方

☑POINT
超短時間で読める方法さえ知れば IR も怖くない！

　ここでは、就活のための IR（インベスター・リレーションズ）、とくに「有価証券報告書」の読み方について解説しておく。

　時折、SNS や就活本で「有価証券報告書を読み込んでライバルと差をつける！」「有価証券報告書に企業の課題がある！　そこに自分の仮説を述べてアピールしよう！」などといった意見を述べている人たち見かける。

　こんな言葉に踊らされた就活生は、「え、読んだほうがいいの？　そもそも『有価証券報告書』って何……」と無駄に不安になってしまうのだ。
　もちろん、そこには、就活を進める上でのヒントもたくさん載っており、個人的には時間があるなら、ぜひ必要最低限だけでも読むべきだとは思っている。

　ただ、正しい読み方、効率的な読み方を知らなければ、時間を無

駄にしているだけ、第1章でもお伝えした通り、"闇雲に"就活をしているということになりかねない。

　ここでは、どう読んで良いかわからない、"闇雲に"就活を進めたくないと思っているあなたのために、「有価証券報告書」について、具体的な事例とともに解説していく。

　まず、前提として「有価証券報告書」はIRであり、**投資家向けの情報が記載されているもの**。

　わかりやすく言えば、企業が「うち会社の経営状況こんな感じです。意外と良い感じでしょ？　株買わない？」と、投資家向けに会社の経営状況を解説するためのものだということ。

　決して、就活生向けに用意された平易な資料ではない。だから、わざわざ時間をかけて、全部読む必要は全くないのだ。

　必要な情報だけかいつまんで読み進めるために大切なポイントは、たったの2つだけ。

◎企業の経営方針、方向性の確認
◎ビジネスモデルや強みのヒント探し

　この2つを読み解くことができたら十分。財務状況などは正直就活において全く必要なし。そんなのは社会人になって会社の株を買おうか迷った時にだけ熟読すれば良いのである。

　それでは、次のページから、このポイントに沿って、必要な情報を効率良く仕入れる方法を詳しくお伝えしていこう。

「有価証券報告書」の就活で使える項目一覧

✓POINT
「事業の内容」に就活のヒントが眠っている!?

　まず、有価証券報告書の構成をお伝えしなければならない。そもそもこの報告書にはどんなことが記載されているのか、である。

　IRは、上場企業が投資家向けに開示する義務があるのだが、一方で非上場企業は開示義務がないため基本的には検索しても出ないだろう。自分が志望している企業が開示していなくても、焦らないように！

　そして、「企業名 IR」と検索すると、
（1）有価証券報告書
　　　→年に1回の本気の通信簿
（2）四半期報告書
　　　→3ヶ月ごとのちょっとゆるい通信簿
（3）決算短信
　　　→速報ベースの数字
という項目が出てくるはず。

　結論から言うと、目を通すのは「有価証券報告書」のみで大丈夫。他の２つは、よほど暇でもない限り、読む必要はなし。

　さらに、「有価証券報告書」の中を覗くと、基本的に以下の７つの項目で構成されていることがわかる。

（1）企業の概況：企業全体の概要
（2）事業の状況：事業内容の詳細や解説
（3）設備の状況：設備投資についての解説
（4）提出会社の状況：株式の発行状況やガバナンス体制について
（5）経理の状況：財務諸表とその補足
（6）提出会社の株式事務の概要：株式発行事務の管理人など
（7）提出会社の参考情報：企業における形式的なテンプレ

　こちらも結論から言うと、就活レベルでは目を通すのは「企業の概況」と「事業の状況」だけで大丈夫。他の項目については、株の投資でもしない限り読む必要はなし。無視してＯＫ。

　続いて、いよいよ本題。有価証券報告書を実際に一緒に読んでいこう。今回は株式会社日立製作所の「有価証券報告書」を取り上げさせてもらう。

　まず、「日立製作所IR」と検索する前に、「EDINET」と検索してみてほしい。「EDINET」は、金融庁が出しているIRのまとめサイトみたいなもの。

　企業が出しているものと同じIRが出てくるが、「EDINET」では左横に「目次」がついているので、企業サイトのpdfファイルから読むよりも非常に読みやすくなっているから、おすすめである。

さて、「EDINET」を開いて「日立製作所」と検索する（この時、提出期間を「全期間」としてほしい）。そうすると、いくつかの直近のIRが出てくる。とりあえず「有価証券報告書―第153期」を開いてみよう。

それでは、目次に合わせて見ていこう。

【企業の概況】

（1）主要な経営指標等の推移

売上など、決算の数字がザックリ載っている。これは、覚える必要はない。「あ～この会社って売上これくらいなんだ」というくらいで構わない。いちいち売上を覚えても、脳のメモリの無駄である。

（2）沿革

要するに会社の歴史。こちらも正直読んでも読まなくても問題はない。気になるなら読んでも良いが、就活はテストではないので覚えて行っても、別に面接で聞かれることはない。無視してOK。

（3）事業の内容

ここは必ず目を通してほしい！ このページは、投資家向けに企業の全体像や、現在注力している取り組み、会社の強みなどを記載している。

つまり、企業がどんな事業をしているのか？ どの事業に注力しているのか？ それぞれの事業についてどんな強みがあるのか？ 頭の中を整理するためにこのページを使うのだ。

（4）関係会社の状況

　関係会社の一覧が掲載されているが、こちらも基本無視で大丈夫。せいぜい持ち駒増やしで「大手の子会社だし福利厚生はしっかりしてそう。募集あるかな」というような気持ちで見たり、親会社を受ける就活生は歳をとった後の出向先一覧として活用はできるため、未来の自分のために予習しても良いかもしれない。

（5）従業員の状況

　ここでは、よく従業員の平均年収などを見てしまいがちだが、一番見てほしいのは、「セグメント別の従業員数」の欄。記載のない企業もあるが、ここはとても重要。

　その理由については、次のページからの「事業の状況」に合わせて詳しく解説していく。

　「企業の概況」は以上ではあるが、とくに「事業の内容」のところにビジネスモデルや強みがワンチャン眠っている、と覚えておいてもらいたい。

「有価証券報告書」は
志望動機で使えるネタの宝庫

必要な情報だけを最低限の時間と労力で取り入れよう!

　ここからは、「事業の状況」を一緒に見ていこう。

【事業の状況】

（1）経営方針、経営環境及び対処すべき課題

　ここは必ず目を通す。会社の基本的な考え方、目指している世界観や価値観が、些かキレイごとっぽくはあるが、記載されている。

　志望動機に使えそうなキーワードが落ちていたりするから、一読しておこう。

　また、ここには事業の課題も記載されている。これは企業の抱える課題とその課題に対する取り組み、対策などが書かれているのだが、その点は「へぇ、そうなんだ～」くらいで問題はない。次の「事業等のリスク」で詳しく説明する。

（2）事業等のリスク

　ここでは、事業を継続していく中で発生するリスクについて記載されている。断りを入れておくと、このリスクというのは「株価の

下落要因となり得るリスク」のこと。正直読む必要はない。

　先ほどの経営課題と併せて、時折「企業の課題やリスクを読み込み、企業の課題に対する打ち手、仮説を立てよう！」みたいなアドバイスを就活生にする人がいるが……、ハッキリ言って、しないほうが良い。

　普通に考えてみてほしい。面接で、「IRを読んで御社の課題は〜そこに対して〜こうすべきで〜」と就活生が語り始めたら、正直気持ち悪くないだろうか？

　会社の経営課題というのは、会社というチームで取り組むべきもの。個人でどうこうできるものではないし、そもそもたかだか就活生が数分で考えた経営課題への対策よりも、企業側はそれ以上に遥かに時間をかけて、日々本気で考えているのだ。

　知ったかぶりをしてしまうと、ただの"意識高い系勘違い君"になってしまいかねない。企業の課題に対する提案などは絶対にやめてほしい。そこにはリスクしかないから。

（3）経営者による財政状態、経営成績及びキャッシュ・フローの状況の分析

　ここは非常に重要な項目。細かいキャッシュ・フローなどは無視で構わないが、「セグメント別の売上高」は、必ずチェックをしてほしい。

　押さえておきたいポイントは、149ページでお伝えした「企業の概況」の「従業員の状況」の「セグメント別の従業員数」の項目と併せて読むということ。

　そこから見えてくるのは、「企業はどの事業に注力しているの

か？」である。

　たとえば、日立製作所は「家電メーカー」と考えている人が一定数いるのではないだろうか？　しかし、家電領域にあたる「ライフ事業」は、従業員の状況から見ると日立製作所本体の従業員数29,485人のうちたった1,076人。
　従業員数の比率がとくに多いのが「IT事業」の15,575人となっている。セグメント別売上においても16,090億円のうちライフ事業は2,020億円。IT事業は6,310億円。

　この数字から読み取れるのは、「日立製作所の稼ぎ頭はIT事業であり、配属される可能性もIT関連事業が多いのではないか」という点。
　企業における採用活動は企業成長、事業成長への投資。今後、注力したい事業や稼ぎ頭となる事業に、従業員比率を増やすのは当然のことである。

　そして、この情報を就活で最大限に活かそうと考えた時に使えるのは、「自分の志望動機って会社の方向性と合っているか？」というチェック。
　たとえば、私が日立製作所を受けるとしたら、面接で「家電推し」は絶対にしない。理由は、従業員の配属数が少なく、今後も携わる可能性が低そうだから。

　このIRを読んだら、私だったら「IT推し」の志望動機に変更するかもしれない。仮に面接官だったとしても、めちゃくちゃ家電に携わりたいという就活生が面接に来たら、「いや、うち家電の比率、

じつは低いんで」と伝えるはず。あらかじめミスマッチを防ぎたいからだ。

　ここまでの、「経営者による財政状態、経営成績及びキャッシュ・フローの状況の分析」まで読んだら、「有価証券報告書」を晴れて攻略したと言えよう。

　続く、(4)「経営上の需要な契約等」以降は読まなくても問題ない。あとは投資家に向けた情報しかないからだ。

　ここまでをまとめると、「有価証券報告書」を読むことで、①企業の経営方針、方向性の確認②ビジネスモデルや強みのヒント探しが可能となる。

　会社が今後注力したい事業と自分が志望動機で推している領域は合っているのか？　投資家向けに書かれている IR だからこそ、かなり丁寧な企業情報が満載であるため、きっとあなたの志望動機のネタの宝庫になるはずである。

　ただし、大切なのは、就活で必要な情報だけを上手に短時間でチェックする、ということ。

　無駄な時間をかけず、最低限の労力で確固とした情報を得る。そして志望動機に活かす。

　これをきちんと頭に入れて、「有価証券報告書」を、ほどほどの時間で読んでみてはいかがだろうか？

面接で必ず聞かれる「挫折経験」では何を見られているのか？

✅POINT

挫折経験は挫折の“経験談”を聞きたいわけではない！

　挫折経験は、就活をする中で必ず聞かれる質問ではないだろうか？　たいていの就活生は、「何かしらの挫折経験とその挫折を乗り越えるまで、そしてその経験からの学び」という一連のパッケージで準備をしているはず。

　面接官も、挫折は“乗り越えた”前提で話を聞いてくるもの。たしかに、「こんな挫折があって……、結局その挫折は乗り越えられなかったんです」と話す就活生はおそらくいないだろう。

　就活生も面接官も、「挫折経験」「乗り越えた話」「どんなことを学んだか」という共通認識で面接が進んでいく。
　では、ここでいったい面接官は、あなたの何を見ているのだろうか？　どこで評価の差が生まれるのだろうか？

　この挫折経験において私が面接において見ていたポイントは大きく分けて2つ。

「学びの活用／視座の高さ」と「ストレス耐性／諦めない力」である。

　ここでは、まず「学びの活用／視座の高さ」について、詳しく解説していく。

「学びの活用／視座の高さ」は、言い換えれば「再現性」のこと。

　もっとわかりやすく言うと、「その挫折経験を他の経験にも活かしたことはある？」という視点。

　挫折経験というのは、長期間の試行錯誤とそこから大きな学びが得られる、つまり「人が成長する『きっかけ』になる経験」と解釈することができる。

　そのため、視座の高い人は、その学びを１つの経験に留めず、「他の経験でも活かせないか？」と考えている。これが 67 ページでもお伝えした「再現性」の確保、となるわけだ。

　その時に学んだことを、なんのためらいもなく他者のために活用する＝共有ができる人もいる。

　こういった学びを、他の経験に活かして周囲の人に還元する、という視座の高さは、仕事においても非常に重要視されることは言うまでもないだろう。

　自分の挫折経験を今一度見直して、

「挫折経験として評価されるだろうか？」
「もっと納得感のある挫折経験のネタはないだろうか？」

挫折経験を構築する時の3つのレベル

> Level 1：1つの経験のみで完結する
>
> ↓
>
> Level 2：他の経験にも活かす（学習・改善・再現）
>
> ↓
>
> Level 3：自己経験を他者に活かす（共有）

挫折経験は「どう乗り越えた？」よりも「乗り越えた後どうなった？」が重要！
自己経験を人に還元できる就活生は強い！

「挫折経験から得た学びが、一つの経験に留まっていないだろうか？」

「他の経験に活かした、周囲のために活かした、そんな話はないだろうか？」

　こんなふうに、面接官側の視点から見て良い評価が得られるように挫折経験を再構築してみてほしい。

　しつこいようだが、キーワードは、「再現性」である。

挫折経験は
「長期経験」と「外的要因」
を盛り込む

☑ POINT
あなたの挫折経験は、誰が聞いてもしんどいと思う内容か？

　前のページで、挫折経験を再構築する時のキーワードは「再現性」とお伝えした。より再現性のあるエピソードを作るために、今から解説する方法を頭に入れて、積極的に試してみてほしい。

　「ストレス耐性／諦めない力」についてだが、こうしたワードを耳にすると、たいていの就活生は"なんとなく"抽象的なイメージをしてしまいがち。

　挫折経験は、たしかに精神的に負荷がかかる場面ではある。しかし、そもそもその乗り越え方によって、その人の「ストレス耐性」や「諦めない力」をチェックできるのだろうか？
　もちろん、一概にチェックできない、とは言い切れないが、私は就活生の「どんな経験を挫折と感じるのか？」という捉え方や、キャパシティ（許容量）を重点的にチェックしていた。

　たとえば、実際に私が面接官をしていた時に出会った就活生に、

こんな挫折経験エピソードを話す人たちがいた。

「サークルに友人が来なくなってしまって、声を掛けてもなかなか来なくて、でも諦めずに声を掛け続けたことで来てくれるようになりました！」

「スーパーの品出しの時に生まれて初めて他人から怒られてしまって、そこからは品出しのスピードを意識するようになり、自分の努力を評価してもらいました！」

　私が何を言いたいのか、あなたはわかっただろうか？　当時の私も「えぇ、そんなことで……」と絶句するしかなかった。

　私は、就活生の時に「挫折」という言葉を調べたことがある。そこには、「心挫けて諦めること」とあった。
　要するに、「サークルに友人が来ない」「バイトで怒られた」なんて、正直そんな経験で心が挫けたり諦めていては、大きな仕事の負荷がかかった時に「すぐに辞めちゃうんじゃないか」と感じてしまうのは仕方ないことだろう。

　そう思われないように面接を攻略するためには、「自分が設定した『挫折経験』そのものが、第三者から見て本当にしんどい経験だったのか？　誰しもが心挫けるような経験か？」という客観的な視点を持ってほしい。

　その中で私は、さらに2つの視点「長期経験」「外的要因」で挫折経験のネタ出しをすると良いと考えている。

◎長期経験

「挫折経験」と言うからには、その過程で様々なことを試してみて、試行錯誤して挑んでみて、それでも思うような結果が得られなかった、と話すのが自然ではないだろうか?

そうなると、試行錯誤するだけの期間があったことが伝わるほうが話のネタとしてはベターである。

私が出会った就活生で、「スキーサークルで雪山で遭難した」と言う人がいたが、詳細を聞くと「2時間ほど遭難して」と言われ、「それは挫折というよりただの恐怖体験じゃん……」と思ったことがある。

他にも、「留学して、最初はなかなか話せなくて、でも最後は現地の人と仲良くなりました!……2週間の短期留学ですけど」と言われて、「そんなのただ最初はみんな緊張してるだけだろ!」と思ったこともある。

とまあ、こんな具合にツッコミたくなってしまうのだ。

要するに、短時間、短期間の経験では「試行錯誤をして、それでもうまくいかず……」と語るにはあまりにも短すぎるということ。

ルールがあるわけではないが、"1年以上"のある程度の長期間にわたる経験の中で「うまくいかなかったこと」「試行錯誤しても難しかったこと」「その結果をどう工夫して頑張ったか」を面接官に伝えたほうがより納得感が増すのである。

◎外的要因

　続いて、「外的要因」という切り口も、挫折経験を構築する上では非常に良い視点だと思っている。

　言い換えれば、「自分の努力ではどうしようもなかった」という視点のこと。

　たとえば、「怪我」や「家庭の金銭的事情」で自分ではどうしようもなく何かを諦めざるを得なかった、という話。

　実際に私も、高校時代の「怪我」の挫折経験をネタにして面接に臨んでいた。

　「あまり心挫けて、諦めたという経験はないのですが、高校の野球部の時に半年ほど腰を怪我したことが、これまでの人生で一番の挫折経験だったように思います。理由は、自分の想いや努力でも『どうしようもない』ことがあると初めてその時痛感したからです。最初は、裏方としてこれからチームのためにどう貢献できるかということを考えていましたが、やはり裏方ではなく、選手としてチームに貢献をしたいと思うようになりました。裏方の仕事をする傍ら、選手として復帰するためにリハビリも継続して、最終的には選手として最後の夏を迎えることができました。どんな状況になっても、一度はへこんでも、そこで諦めず今自分にできる最善は何か考え抜くことの重要性を、この経験から学ぶことができました」

　この話は、私の「長期経験」である野球部の活動と「外的要因」である怪我という要素が重なって、面接官の納得感を満たすものになっているというわけだ。

じつはよく知られていない「リクルーター制度」の仕組み

☑ POINT

これからの就活では、リクルーターの存在は無視できない！

　とある大手メーカー企業は、採用の8割がリクルーター経由であると言う。今後こうした企業が増えていくかもしれないことを考えると、就活を進める上で必ずこの仕組みについて理解するべきだ。

　実際に、私も以前務めていた企業でリクルーターを経験している。今ではそんな経験も活かして、リクルーターを導入している企業向けに、アドバイスや勉強会なども行なっている。

　私がそんな中で発見した、リクルーターの特徴は3つ。

① 若手かつ採用経験が浅い or 採用未経験が担当することが多い

　リクルーターは大前提として、できる限り多くの就活生とタッチすることを目的にしている。

　大企業における採用活動の中で、「人事部」という限られた人員の部門で、多くの就活生と継続的に接点を持つことは非常に難しい。

　そのため、マンパワーが割ける若手社員が部署の垣根を越えて対応することが多々あるのだ。

したがって、リクルーターの大半については「採用未経験」もしくは「採用経験が浅い」若手社員で構成されている可能性が高い。

② リクルーター自身には強い人事権はない

部署の垣根を越えて若手社員が担当するのであれば、もちろん彼らに「人事権」があるはずがない。そのため、選考の見極めの基準についてもかなりバラツキがあり、"感覚的"に就活生を評価する担当者も多い。

たとえば、「"なんとなく"印象が良いからこの就活生を上に推したい」と考える担当者もザラにいるということ。なんとなく選んだことがバレないために、自分が"推す"理由を後付けで考えるといったように選考が進められることもよくあるのだ。

③ カジュアル面談の形態が多い

昔からの暗黙の了解なのだが、「リクルーター制度」のことを「採用活動です！」と声を大にして言う企業は非常に少ない。

これは、日本経済連合会（経団連）の倫理憲章との兼ね合いで、経団連に属する大企業などは「採用活動解禁」のルールを遵守しているから。

その解禁日前、グレーゾーンである早期の内から採用活動を行なっているのがリクルーターというわけ。

名称も「ＯＢ訪問会」「従業員座談会」「若手面談会」など様々。私が勤めていたメガバンクでは、当時「プライベートセッション（PS）」と呼んでいたのを覚えている。

こんなふうに、あまり気兼ねなくラフに参加できるのも特徴であるかもしれない。

選考に影響を与える
リクルーターの重要な役割

☑POINT
リクルーターは社会人の先輩として、
良き相談相手にもなる！

リクルーターの特徴がわかったところで、次は、リクルーターが担っている重要な役割について解説していこう。

リクルーターの役割は大きく分けて次の３つ。①学生と長期的に付き合うこと②就活生を見極めること③企業の魅力付けと志望度を上げること。

リクルーターは通常の面接のように30分〜１時間で毎回異なる人事が面接をするのではなく、同じ担当者が長期的に担当してくれるもの。
そもそも面接の回数などのルールが明確に決まっていないこともあり、面談の中では就活のアドバイスをしてくれる場合もある。

そのため、短期的な面接よりも、人間の本質や本音が見える長期的な付き合いから、就活生を見極めているのだ。

具体的には、「人事権のある偉い人に会わせる就活生を選りすぐって順位付けする」という役割。

　私が勤めていたメガバンクでは、大学別で採用を行なっており、当時の面接解禁日に向けてリクルーターチームで学生の見極めをしていたほど。

　ちなみに、私が担当した当時は、ES 提出からの通過が約 800 人。その約 800 人を面接解禁日に向けて 30 人に絞る。そして 1 位から 30 位までの順位をつける。

　面接解禁日になると、人事部による本選考は順位 1 位の人から順に受けていく、という流れになっていた。

　また、採用予定人数が早期に埋まれば、30 番目まで面接の機会が設けられないことだってある。その時点で採用ストップ、「早い者勝ちのイス取りゲーム」なのだ。

　つまり、リクルーターから高い評価を受けると得しかないということ。最近は面接解禁日も曖昧なため、とにかく早い段階で人事権のある人に会わせてもらえると、より有利になるというわけ。

　また、リクルーターの役割は見極めるだけではない。企業に対する志望度が上がるよう働きかけてくれるのである。

　リクルーターとは、「ただ受けている企業の社員」ではなく、時として「社会の先輩としての良き相談相手」にもなる。

　就活生の志望動機、志望度の表現の決め手に、「社員の人柄で選んだ」という要素があるが、それを体現するのが、リクルーターという存在なのである。

リクルーターならではの
評価基準がある？

☑ POINT

担当リクルーターの"推し"になろう！

　ここまでで、リクルーターの存在がいかに無視できない存在であるか、ということがおわかりいただけただろう。最後に、そんな彼らが持っている評価基準について紹介する。

　もちろん評価基準については企業ごとに異なるものではあるが、多くの企業の大前提として、リクルーター自身が「一緒に働きたいと思えるか？」というのが、評価基準で一番ウエイトを占めている。

　161ページでもお伝えした通り、リクルーターの大半は「採用未経験」の若手社員。

　裏を返せば、多くの若いリクルーターは、就活生を落とし慣れていない可能性が高いとも言える。

　言い換えれば、「細かい項目はちょっとわからないけど、人間性として自分には魅力がある！」と思わせることができたら、採用の枠に残る可能性が十分にあるのだ。

これは実際に私がリクルーターをしていた時の話。当時の私の会社のリクルーター制度でも、以下の5つの評価項目を取り扱っていた。

「ガクチカ1」「ガクチカ2」「人物面評価」「志望動機」「志望度」それぞれ3点。合計15点。11点以上の学生を残して、次のリクルーターにトスアップをするという仕組み。

しかし、多くのリクルーターは見極めが下手くそで、落とすことを怖がってしまっていたのだ。つまり「感覚で点数をつけているため、リクルーター自身が残したい！」と思ったら点数を調整する、ということ。

そんな状況の中、どうしたら自分の評価を上げてくれるようになるのか？

それはズバリ、担当リクルーターの「推しメン」になること！リクルーターもやはり人間。「推したい」と思った推しメン＝お気に入りの就活生がいたりする。

面接しながらアドバイスを行ない、そんな推しの就活生のスコアアップを狙っているのだ。

考え方としては、「志望動機」や「ガクチカ」などの文章は「後天性の高い要素＝後からいくらでも調整できる」と考えれば良い。「人間性」は「先天性の高い要素＝人間本来の土台で変わりにくい」。だから、とにかく人間性を優先して変えていこうと誰もが考えていた。

わかりやすく言えば、「『人間性』が良い！」と思われることができたなら、文章は後から作れば良い、ということ。

リクルーターが見ている要素の例

◎第一印象
・挨拶・身だしなみ・表情・話し方（目を見て話す、自信を持っ
て話す、熱量を持って伝えようとする姿勢）・愛嬌・素直さ・
元気の良さ・学生らしさ など
◎面談に臨む姿勢
・面談前に事前にしっかり企業を調べているか？
・「逆質問」を用意しているか？
⇒「うちの会社に興味がないな」と思われたら、そこで終わり。
　熱量の低い就活生の評価は下がる。
◎アドバイス後の態度
・アドバイス（宿題）に対して次の面談までに改善ができているか？
⇒改善ができていない場合は、「思考力が弱い」という要素に加え、
　何よりも大切な「本気度が足りない」と思われる。

リクルーターが重点的に見ているポイントは人間性！

もしも、自分を推してくれるリクルーターがいないと感じたら、そこもやはり、文章の準備以上に「人間性」そのものを評価してもらうように、まずは働きかけることが重要。

たとえば、私がリクルーターの時に見ていた要素については上にまとめているから、そちらを参考にしてほしい。

リクルーターは、採用経験が浅い、もしくは未経験の若手社員が長期的に時間をかけて学生を見極め、志望度を上げることを目的としている。

評価については「人間性」がメインとなるため、就活生らしく明るく、元気に！　リクルーターから「一緒に働きたい＝推しメン」と思ってもらえるように意識してかかわっていくと良いだろう。

第6章 内定率を最大化するテクニック集──全ての悩みの答えがここにある

167

おわりに

　最後に、あれだけ否定していた精神論・根性論・感情論の話を、少しさせてほしい。

　ここでお伝えしたいのは、私なりの就活を頑張る理由。私は、就活は、人生で最もコスパの良い「投資」の一つだと考えている。

　投資とは、自分の資産を投下することによって利益を得る行為。一般的には、30 〜 40 年かけて、数百〜数千万円の利益を目指していくもの。
　しかし、就活はほんの数ヶ月。およそ 3 ヶ月〜半年の短期間本気になるだけで、生涯賃金に数千万、もしかしたら 1 億円以上の財産を手に入れるチャンスが訪れるかもしれない。
　しかも、金銭的な初期投資は必要ない。今、この瞬間のあなたの「時間」のみである。

　言い換えれば、ほぼノーリスクで「頑張れば頑張った分だけ」数千万以上の利益や、これからのキャリア、将来の選択肢を増やす機会を得ることができるのだ。

　実際に、私自身、就活生時代にしてきた投資の恩恵にあずかっていると感じている。
　大学生だった頃、とくに頑張った何かがあるわけではない。大学の授業もほとんどサボって、ギリギリの単位だけ取るような怠惰な学生だったと思う。
　ただ、就活だけは、本当によく頑張った。

　当時、情報が少ない中で、自分なりに考え、知恵を絞り、とにかく面接練習を繰り返して、見事「学生時代にたいしたことはやっていないけど、就活だけは得意」な人間になっていた。

　その結果、就職氷河期と呼ばれる時代に、第一志望であったメガバンクから内定を獲得することができたのだ。

　そして、本当に大切なのはその後の話。

　内定者の飲み会に参加した時、周囲のほとんどが自分より学歴が高くて、東大生までいるようなそんな状況を目の当たりにしたその時に、心の底から「就活頑張って良かった〜！」と歓喜した。

　おそらく高校3年間を受験勉強に費やした人たちに対して、就活でチョロっと3ヶ月間頑張っただけの自分が、「追いついた！」「なんだ、スタート同じやん！」「就活ってマジコスパ良いな！」と本気で思ったりもした（銀行の出世は学閥もたくさんあるので、実質的にはスタートは同じではないが……）。

　実際に私の同期で言うと、だいたい35歳くらいで年収が1200〜1300万円。海外赴任組だと2000万近くの年収になる。この、毎年およそ1000万円の利益を投資で得ようとするなら、かなりハイリスクであることは言うまでもない。

　しかし、ただ本気で就活をして、ただ年収が高い会社に内定をもらうことができただけで、その利益を得ることが可能となる。

　それが就活。めちゃくちゃコスパが良いと思わないだろうか？

キレイごとはなしで言うが、就活は、人生を変える絶好のチャンスであり、最高の投資である。

　これから数ヶ月、今までにないくらい本気になって頑張るだけで、見たこともない景色を見ることができるかもしれない。

　残りの数十年、長い長い人生に、ライバルと大きな差をつけることができるかもしれない。

　本書と、さらに巻末の動画（無料特典動画）ではそのための手段としての知識を完全網羅している。難しいことは言っていない。

　ほんの３ヶ月〜半年、私と一緒に就活を頑張ってみないか？

　あなたが本気になるのであれば、私は本気であなたを応援し、いつでも手助けしたいと思っている。

　だって、こんなに怪しい本を買ってくれたんだ。めちゃくちゃ感謝しているから、あなたの就活がめちゃくちゃうまくいってほしいと心から願っている。

　めちゃくちゃ良い会社に入ってくれよ！

　みんなからの吉報、楽しみに待っている。

ただの元人事（樋熊晃規）

【著者プロフィール】
ただの元人事（樋熊晃規）
1988 年生まれ。東京都出身。中央大学を卒業後、2010 年に新卒で三井住友銀行に入行。銀行を退職、独立後、企業の採用設計・組織コンサルティング、採用代行（RPO）、転職者支援を行なう。就活生に向けた大学講演実績も多数。SNS ではキャリア系インフルエンサーとして就活・転職に関する情報発信を行なっており、就活生から社会人まで多くの支持を集めている。

○X（旧 Twitter）：@aya_jinnji

○ Instagram：@moto_jinji

○ TikTok：@tadanomotojinnji

人事がこっそり教えるヤバい内定術

2023 年 12 月 22 日　　　初版発行

著　者　ただの元人事（樋熊晃規）
発行者　太田　宏
発行所　フォレスト出版株式会社
　　　　〒 162-0824 東京都新宿区揚場町 2-18　白宝ビル 7 F
　　　　電話　03 - 5229 - 5750（営業）
　　　　　　　03 - 5229 - 5757（編集）
　　　　URL　http://www.forestpub.co.jp

印刷・製本　中央精版印刷株式会社
© Tadanomotojinji 2023
ISBN978-4-86680-253-4　Printed in Japan
乱丁・落丁本はお取り替えいたします。

『人事がこっそり教えるヤバい内定術』

特別無料プレゼント

動画ファイル

本書の内容を音声付き動画で深掘り大解説！

もっと！

就活強者になるための
㊙内定術

本書でお伝えした就活の攻略法の数々を、著者が音声付き動画で深掘り解説しています。さらに内定率がぐーんとアップすること間違いなし！ぜひダウンロードして、本書とともにご活用ください。

無料プレゼントはこちらからダウンロードしてください

https://frstp.jp/naitei

※特別プレゼントは Web で公開するものであり、小冊子・DVDなどをお送りするものではありません。
※上記無料プレゼントのご提供は予告なく終了となる場合がございます。あらかじめご了承ください。